Inhaltsverzeichnis

Wortfelder erstellen

Ein Wortfeld ist eine Gruppe von Wörtern, die eine gleiche oder ähnliche Bedeutung haben.

1 Male die Wörter passend zum Wortfeld an.

sagen | machen | gehen

tun	herstellen	spazieren	sprechen	schaffen	reden
informieren	wandern	stolpern	arbeiten	plappern	
flüstern	berichten	schleichen	erklären	bewirken	
durchführen	plaudern	trampeln	fragen	marschieren	
erledigen	verrichten	antworten	hetzen	schlendern	

2 Trage jeweils ein Wort aus Aufgabe 1 in der passenden Form ein.

Der Lehrer ____________ die Kinder über den Ablauf des Wandertages.

Paul ________: „Wann kommen wir zurück?“ Der Lehrer ____________,

dass es gegen 12 Uhr sein wird. Daraufhin __________ alle noch etwas über

die Dinge, die sie morgen sehen werden. Am Dienstag ____________ alle

Klassen der Schule. Die Klasse 4a ______________ gemütlich durch die

Stadt, die Klasse 4b _____________ durch den Wald. Um kurz vor zwölf

Uhr müssen sie zur Schule __________. Am Nachmittag haben die Kinder

keine Hausaufgaben zu ___________. Sie dürfen aber freiwillig an einer

Wander-Geschichte ___________.

Mit Wörtern aus einem Wortfeld kann ich genauer und abwechslungsreicher beschreiben und erzählen.

3 Ordne die Wörter in der Tabelle nach den drei Wortfeldern.
Finde die Namen der Wortfelder.

gucken – die Katze – hübsch – der Delfin – die Kuh – sichten
gutaussehend – das Pferd – der Kauz – attraktiv – anschauen
schick – erblicken – starren – bezaubernd

Wortfeld:	Wortfeld:	Wortfeld:

4 Streiche das Wort durch, das nicht zum Wortfeld gehört.

grün – gelb – breit – rot – blau

der Stiefel – die Sandale – der Turnschuh – der Rock – der Sneaker

kauen – schwanken – schmatzen – würgen – schlucken – speicheln

kalt – freundlich – nett – sympathisch – liebenswert

der Regen – der Hagel – die Wolke – der Blitz – der Teppich

5 Schreibe hier ein weiteres Wortfeld.

Wortfeld: ______________________

____

____

____

Nomen erkennen

1. Nomen sind Namen für Lebewesen und Dinge.
2. Nomen haben einen bestimmten und unbestimmten Artikel.
3. Die meisten Nomen gibt es in der Einzahl und in der Mehrzahl.
4. Nomen können abstrakt sein (kann man nicht sehen, anfassen, hören ...).
5. Nomen erkennst du an bestimmten Endungen: ung, heit, keit, schaft, nis

1 Sind das alles Nomen? Male bei jedem Wort die Nummern der passenden Beweise aus. Ergänze, wenn möglich, die Artikel und die Mehrzahl.

ZEUGNIS	1	2	das/ein	3	die Zeugnisse	4	5
RETTER	1	2	______	3	______	4	5
BAUEN	1	2	______	3	______	4	5
KILIAN	1	2	______	3	______	4	5
PLÖTZLICH	1	2	______	3	______	4	5
SAUBERKEIT	1	2	______	3	______	4	5
SANDIG	1	2	______	3	______	4	5
ZUKUNFT	1	2	______	3	______	4	5
GEPÄCK	1	2	______	3	______	4	5

2 Schreibe die Wörter aus Aufgabe 1 in richtiger Groß- und Kleinschreibung.

______

______

______

3 Verwandle diese Wörter in Nomen.
Verwende dazu die passende Endung.

heilen	dumm	schön	bereit	ereignen
geheim	wissen	verpacken	gemein	lustig
sauber	hässlich	gefangen	erleben	verwandt
biegen	festlich	geloben	zucken	krank

ung	heit	keit
die Heilung		

schaft	nis	

4 Finde eine gemeinsame Endung, um diese Fremdwörter in Nomen zu verwandeln: *konzentrieren*, *informieren*, *demonstrieren*, *addieren*. Schreibe die Nomen in das freie Kästchen bei Aufgabe 3.

Was fällt dir bei den Artikeln der Nomen auf?

5 Markiere die 11 Nomen-Fehler im Text farbig.

leonie bekommt für ihr kinderzimmer neue möbel. Daher fährt sie mit ihren eltern in ein möbelhaus, um ein größeres bett auszusuchen. Auch ein bunter teppich und eine lampe finden sich. Zuhause packen sie die sachen aus und stellen sie in den frisch gestrichenen raum. Dem mädchen gefällt es sehr gut.

APP Video

Wörter mit Nomen zusammensetzen

1. Setze jeweils zwei Nomen sinnvoll zusammen.

das Leder   der Baum   die Vanille   das Haus

der Apfel   die Schule   der Schuh   das Eis

2. Setze jeweils ein Nomen und ein Verb sinnvoll zusammen.

das Buch   baden   das Spiel   rollen

der Schuh   lesen   suchen   die Wanne

Zu welcher Wortart gehören die zusammengesetzten Wörter?

3. Setze jeweils ein Nomen und ein Adjektiv sinnvoll zusammen.

das Gras   fern   grün   hart

das Haus   hoch   der Stein   das Glas

Zu welcher Wortart gehören die zusammengesetzten Wörter?

Welches Wort bestimmt den Artikel des zusammengesetzten Wortes?
(Bestimmungswort + Grundwort = zusammengesetztes Nomen)

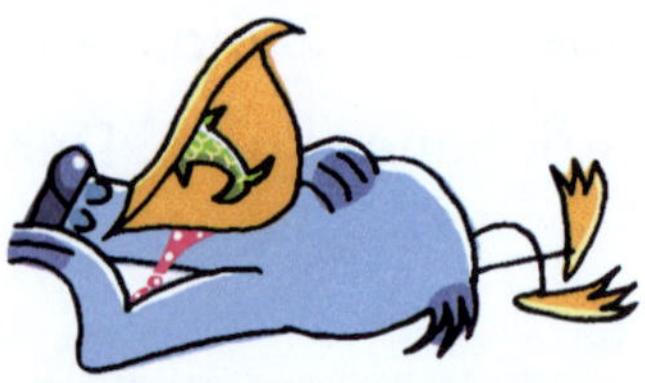

APP Video

Nomen in den vier Fällen nutzen

1 Setze das Nomen in der Klammer mit dem passenden Artikel in den Satz ein.

Im Garten spielt ______________________ (Hund).

______________________ (Blume) blüht nur im Sommer.

______________________ (Mädchen) hat zwei Zöpfe.

Wer oder was ...?

Der Knochen ______________________ (Hund) ist vergraben.

Der Stängel ______________________ (Blume) hat Dornen.

Die Haare ______________________ (Mädchen) sind braun.

Wessen ...?

Das Futter gehört ______________________ (Hund).

Auf ______________________ (Blume) sitzt ein Käfer.

Der Friseur schneidet ______________________ (Mädchen) die Haare.

Wem ...?

Der Tierarzt untersucht ______________________ (Hund).

Der Gärtner gießt ______________________ (Blume).

Die Mutter bewundert ______________________ (Mädchen).

Wen oder was ...?

2 Schreibe selbst vier Sätze, in denen das Nomen jeweils in einem anderen Fall vorkommt.

____

____

____

____

____

APP Video

Verben mit Wortbausteinen bilden

1 Setze die Verben mit allen passenden Vorsilben zusammen.

an auf be vor hin ein ver zu ent

fallen gehen stehen sagen kommen legen suchen

Vorsilben ändern die Bedeutung eines Verbs.

2 Schreibe jeweils ein treffendes Wort aus Aufgabe 1 in die Lücke.

Manchmal werden Vorsilbe und Verb im Satz getrennt.

Marius möchte die Prüfung ___.

Ihr neuer Pulli ___ gleich ___.

Wegen deiner Grippe solltest du einen Arzt ___.

Die Wissenschaftler konnten diese Tatsache ___.

Durch die Hefe ___ der Teig ___.

Hoffentlich ___ viele Gäste auf deine Einladung ___.

Ohne Wasser werden die Pflanzen ___.

Beim ersten Weckerklingeln ___ Tina ___.

Achtung, die Tür ___ ___!

Welche Vorsilben bleiben am Verb, welche können abgetrennt werden?

Verben in Personalformen verwenden

1 Schreibe die Verben passend zu den Pronomen. Markiere Veränderungen im Wortstamm.

schauen	erschrecken	halten
ich ______	ich ______	ich ______
du ______	du ______	du ______
er/sie/es ______	er/sie/es ______	er/sie/es ______
wir ______	wir ______	wir ______
ihr ______	ihr ______	ihr ______
sie ______	sie ______	sie ______

bitten	nehmen	laufen
ich ______	ich ______	ich ______
du ______	du ______	du ______
er/sie/es ______	er/sie/es ______	er/sie/es ______
wir ______	wir ______	wir ______
ihr ______	ihr ______	ihr ______
sie ______	sie ______	sie ______

Bei welchen Pronomen finden die Änderungen statt?

2 Schreibe weitere Verben, deren Wortstamm sich in den Personalformen verändert.

____

____

APP Video

Verben in Zeitformen verwenden

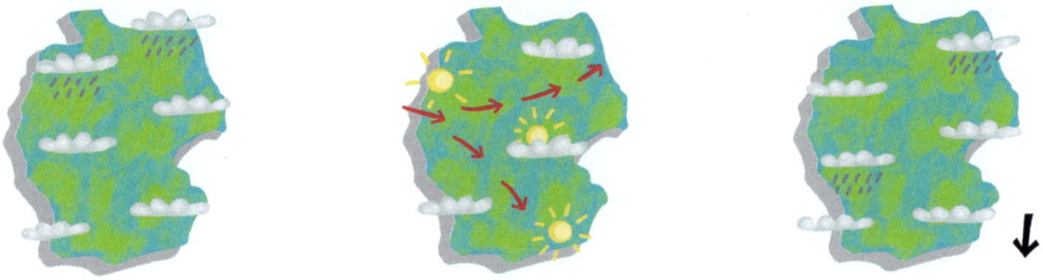

Und nun folgt der Wetterbericht: Gestern hingen über Teilen Deutschlands tiefe Wolken und es regnete vor allem im Norden. Heute scheint vereinzelt die Sonne, meistens weht ein kräftiger Wind. Morgen wird die Temperatur sinken und es werden erneut Regenwolken entstehen.

1. Unterstreiche Sätze,
   - die sich auf die Vergangenheit beziehen grün,
   - die sich auf die Gegenwart beziehen blau und
   - die sich auf die Zukunft beziehen gelb.

2. Kreise in den Sätzen die Verben und Hilfsverben ein.

3. Ordne die Verben und Hilfsverben zu.

Verben in der Vergangenheit ______________________________

Verben in der Gegenwart ______________________________

Verben in der Zukunft ______________________________

4. Ergänze Aufgabe 3 mit diesen Verben:

schneite | wird schneien | hagelt | schien | stürmte | wird gefrieren | aufheizen | wird sonnig

APP Video

Meistens sprechen wir in der 2. Vergangenheit und schreiben in der 1. Vergangenheit.

5 Die Kinder erzählen vom Wochenende.
Schreibe die Sätze in der 1. Vergangenheit auf.
Markiere alle Verben farbig.

Am Sonntag bin ich mit dem Fahrrad gestürzt.

Am Samstag hat mein Vater gegrillt.

Ich habe das ganze Wochenende an einem Aquarellbild gemalt.

Leonie und ich haben am Freitag gezeltet.

Du hast gestern auch Fußball gespielt.

6 Erfinde Sätze in der 1. und 2. Vergangenheit.
Benutze diese Verben: holen, suchen, bauen.

7 Fülle die Lücken. Nimm ein Wörterbuch zur Hilfe.
Markiere die Veränderungen farbig.

2. Vergangenheit	1. Vergangenheit
ich habe begonnen	ich begann
ich bin gefahren	
sie haben geholfen	

8 Schreibe die Sätze fertig.

Gestern ______________________________

____

Wenn ich erwachsen bin ______________________________

____

Letzte Woche ______________________________

____

Nächsten Sommer ______________________________

____

Gegenwart	Grundform	Zukunft
ich beginne	beginnen	ich werde beginnen
du holst		
		er wird kennen
sie bringt		

Heute ______________________________

____

Als ich ein Baby war ______________________________

____

In der Zukunft ______________________________

____

Gestern ______________________________

____

Wortfamilien kennen

Eine Wortfamilie ist eine Gruppe von Wörtern, die den gleichen Wortstamm besitzt.

Manchmal verändert sich der Wortstamm leicht...

1 Male die Wörter einer Wortfamilie mit der gleichen Farbe an.

die Wohnung	die Lesung	die Laufbahn	er läuft	verreisen	du liest
er wohnt	bewohnbar	die Reiselust	das Lesebuch	verlaufen	
das Wohnhaus	belesen	die Weltreise	die Läuferin	sie reist	

2 Markiere bei Aufgabe 1 die Wortstämme mit ⌊____⌋.
Beispiel: ⌊Wohn⌋ung

3 Wie heißen die vier Wortfamilien aus Aufgabe 1?

_______________ _______________ _______________ _______________

4 Streiche das Wort durch, das nicht zur Wortfamilie gehört.

der Busfahrer – die Fähre – fahren – der Karren – verfahren

gegessen – sie isst – der Esslöffel – vergessen – die Essenszeit

verlesen – der Lehrer – die Lesebrille – sie liest – der Vorleser

der Ort – die Ortung – geortet – geordnet – verorten

5 Schreibe hier zwei weitere Wortfamilien.

Wortfamilie: _______________ Wortfamilie: _______________

_______________ _______________

_______________ _______________

_______________ _______________

_______________ _______________

Stars-Check 1

1 Kreise alle Nomen blau und alle Verben rot ein.

MOTOR JAUCHZEN KLETTERN KOALA SUCHEN

SPRUNG ERLEBNIS SCHLECKEN PLATZEN KIND

2 Bilde mit den Nomen aus Aufgabe 1 zusammengesetzte Wörter.

Bär | Rad | Erzählung | krabbeln | weit

____

____

3 Setze das passende Nomen aus Aufgabe 1 mit seinem Artikel in die vier Fälle.

______________ sitzt die meiste Zeit auf einem Eukalyptusbaum.

Das Baby ______________ lebt lange im Beutel auf dem Bauch

seiner Mutter. 200 g bis 400 g Eukalyptusblätter pro Tag

liefern ______________ genug Energie.

______________ gibt es freilebend nur in Australien.

4 Wähle ein Verb aus Aufgabe 1 und schreibe es passend zu den Pronomen und Zeitformen.

2. Vergangenheit: ihr ______________ – ich ______________

1. Vergangenheit: ich ______________ – wir ______________

Gegenwart: er/sie/es ______________ – ihr ______________

Zukunft: du ______________ – sie ______________

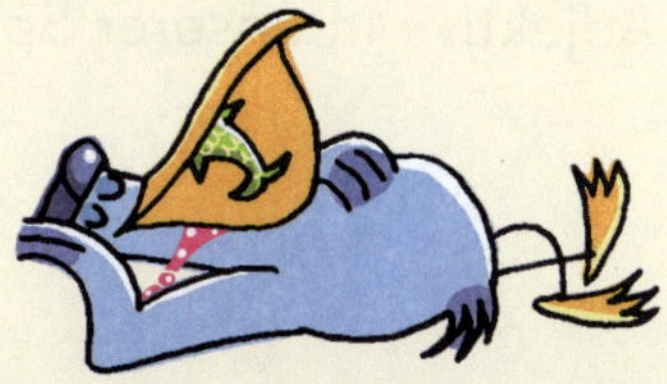

APP Check

Mit Adjektiven beschreiben

1 In jeder Zeile versteckt sich ein Adjektiv. Male es an.

G	v	U	l	u	F	j	i	l	s	c	h	e	u	G	S	i	C
s	c	h	w	e	r	y	t	w	i	z	h	t	i	l	H	O	h
l	a	n	g	s	a	m	I	V	o	e	s	f	w	R	l	i	c
k	k	R	y	g	i	f	t	i	g	N	p	l	s	o	k	E	u
h	X	J	h	t	P	n	W	v	i	e	l	f	a	r	b	i	g
Y	r	g	e	s	t	r	e	i	f	t	a	M	p	y	a	Z	Y
s	u	i	s	s	c	h	l	a	u	f	l	s	x	F	F	O	f
Q	b	d	L	i	k	k	v	b	l	a	u	ä	u	g	i	g	L
m	s	c	h	u	p	p	i	g	U	m	R	q	I	l	J	T	s
E	c	h	h	i	E	B	l	w	i	n	z	i	g	D	t	z	o
t	s	c	h	w	e	r	z	i	F	w	n	f	X	T	o	l	r
n	s	c	l	E	u	p	n	a	c	h	t	a	k	t	i	v	T

2 Setze die Adjektive aus Aufgabe 1 treffend in die Lücken ein.

der ____________________ Lachs, die ____________________ Schnecke,

das ____________________ Zebra, der ____________________ Wal,

der ____________________ Husky, der ____________________ Fuchs,

der ____________________ Papagei, das ____________________ Reh,

die ____________________ Ameise, die ____________________ Natter,

der ____________________ Elefant, die ____________________ Fledermaus,

Welche Aufgabe erfüllen Adjektive in unserer Sprache?

APP Video

Mit Adjektiven vergleichen – Grundform

1 Bilde Sätze wie im Beispiel.

groß

Die Biene ist so groß wie die Fliege.

süß

___

schnell

___

schwer

___

lang

___

Ein Wort hilft dir dabei, gleiche Eigenschaften zu beschreiben.
Markiere es in den Sätzen von Aufgabe 1 farbig.

2 Finde selbst passende Adjektive und vergleiche mit *wie*.

Deine Haut ist ______________________ Samt.

Der Rabe ist ______________________ Nacht.

Meine Hände sind ______________________ Schnee.

Das Brot von gestern ist ______________________ Stein.

Kilian ist ______________________ ein Fuchs.

APP Video

Mit Adjektiven vergleichen – 1. Vergleichsstufe

Manchmal brauche ich ein „ä“ oder „ö“.

1 Bilde Sätze wie im Beispiel.

 **groß** 

Die Biene ist größer als die Ameise.

 **süß** 

 **schnell** 

 **schwer** 

 **lang** 

Du kannst Eigenschaften mit „als“ vergleichen.
Wie verändern sich die Adjektive? Markiere.

2 Finde selbst passende Adjektive und vergleiche mit *als*.

Ich mag den Sommer ______________________ den Winter.

Mein Papa ist ______________________ meine Mama.

Mein Rad fährt ______________________ Mamas Motorrad.

Bei Neumond ist die Nacht ______________________ bei Vollmond.

Ein Goldring ist ______________________ ein Silberring.

Mit Adjektiven vergleichen – 2. Vergleichsstufe

(1) Denke dir Sätze mit diesen Adjektiven in der 2. Vergleichsstufe aus.

am schnellsten

am größten

am leichtesten

am kleinsten

am langsamsten

am schwersten

Manche Adjektive haben unregelmäßige Vergleichsformen:
z. B. *hoch – höher – am höchsten; gut – besser – am besten*.
Suche weitere Beispiele. Findest du auch Adjektive, die keine Vergleichsformen haben?

(2) Bilde Vergleichsformen mit: super mega extra

witzig hoch tief gemein gefährlich nett

selten teuer billig schön lässig

superwitzig,

Adjektive zusammensetzen

der Stein + alt = steinalt
Nomen + Adjektiv = Adjektiv

treffen + sicher = treffsicher
Verb + Adjektiv = Adjektiv

bitter + böse = bitterböse
Adjektiv + Adjektiv = Adjektiv

1 Setze die Wörter richtig zusammen. Verbinde sie und schreibe auf.

das Messer	gelb	______
das Eis	vergnügt	______
die Zitrone	begabt	______
tropfen	scharf	messerscharf
quietschen	arm	______
betteln	reich	______
hoch	kalt	______
tief	nass	______
schwer	traurig	______

2 Zerlege diese zusammengesetzten Adjektive in ihre Einzelwörter.
Achte auf die Groß- und Kleinschreibung.

hundemüde = ______ + ______

hellwach = ______ + ______

treffsicher = ______ + ______

aalglatt = ______ + ______

dunkelblau = ______ + ______

Zahlwörter

(1) Wie viele? Schreibe das richtige Zahlwort zum Bild.

__________________ Zwerge

__________________ Bälle

__________________ Blumen

__________________ Nägel

__________________ Striche

__________________ Punkte

(2) Schreibe ein passendes Zahlwort in die Lücke.

Nur ein __________________ Kinder haben die Hausaufgabe vergessen. Das ist aber __________________ Geld.

Nur __________________ Kleepflanzen haben 4 Blätter.

Eine __________________ Socke kann ich nicht anziehen.

(3) Suche auch hier die richtigen Zahlwörter.

Weihnachten ist nach dem __________________ Advent.

Beim 100m-Lauf wurde ich __________________ Sieger.

Das ist meine __________________ Eins in diesem Schuljahr.

Die Zahlwörter in Aufgabe **1**, **2** und **3** unterscheiden sich voneinander. Wie?

- drei
- wenige
- dreizehn
- tausend
- paar
- vierten
- zehn
- einzelne
- achter
- alle
- einund-zwanzig
- dritte
- hundert
- sechsund-neunzig
- viel
- erster
- zwanzig
- jeder

Zahlwörter

Bestimmte Zahlwörter geben eine genaue Menge an. Unbestimmte Zahlwörter geben eine Menge nur ungefähr an.

An alle Schüler und Eltern

Am nächsten Freitag findet um dreizehn Uhr unser Schul-Tischtennisturnier statt. Dazu haben sich bereits über vierzig Spieler angemeldet. Die Gewinner des ersten, zweiten und dritten Preises erhalten eine Medaille. Alle Schüler, Eltern und Lehrer sind herzlich als Zuschauer eingeladen. Gerne können auch ein paar Freunde mitkommen. Einige Personen werden am Getränkestand benötigt. Wir haben viele Kisten mit Saftschorle gespendet bekommen.

4 Unterstreiche alle bestimmten und unbestimmten Zahlwörter im Text und schreibe sie geordnet auf.

bestimmte Zahlwörter	unbestimmte Zahlwörter

5 Unterstreiche: bestimmte Zahlwörter blau, unbestimmte grün.

wenige sechzig
mehrere die Dritte

eine Million manche
mehrmals der Erste

einzelne drei
einhundert alle

die Hälfte allerlei
null fünftens

Präpositionen nutzen

1 Wo ist die Maus? Schreibe einen Satz mit der richtigen Präposition (Verhältniswort) zum Bild.

Die Maus sitzt vor dem Stuhl.

____

____

____

____

2 Anderer Sinn, gleiche Präpostion: Setze in jedem Satzpaar die richtige Präposition ein.

Das Geschenk ist ____________ meinen Freund.

Du bekommst zwei Hefte ____________ 1,50 €.

Wir treffen uns ____________ der Sporthalle.

____________ Regen fällt das Sportfest aus.

Bei Wanderungen gehen wir durch einen Tunnel ____________.

________ die Hilfe meiner Lehrerin habe ich die Aufgabe kapiert.

an
auf
aus
bei
bis
durch
für
gegen
hinter
in
mit
nach
neben
ohne
über
um
unter
vor
zu
zwischen

Präpositionen nutzen

3 Ergänze die Lücken mit der passenden Präposition.
Jede Präposition kommt einmal vor.

am | auf | aus | bei | im
in | über | unter | gegenüber
vor | zwischen | zum | hinter | neben

Das Volksfest findet ________________ dem Festplatz statt.

Evi fährt ________________ Wandern ________________ die Berge.

Das Haus steht ________________ zwei Bäumen.

Die Katze kriecht ________________ das Sofa.

Ich komme ________________ Montag wieder.

Der Hund rennt aus dem Haus ________________ den Hof.

Vater holt Getränke ________________ dem Kühlschrank.

Mutter liegt krank ________________ Bett.

________________ Regen bleibe ich zu Hause.

Ich stelle mich ________________ den Spiegel.

Links ________________ mir sitzt mein Nachbar Lukas.

Bei dem Spruch stehen sich die Kinder ________ und klatschen in die Hände.

Beim Versteck spielen krieche ich oft ________________ das Sofa.

Fremdwörter

die Gondel
die Mode
der Döner
der Humor
der Pullover
der Pfeffer
der Salat
der Ball
die Bibel
die Creme
der Kiosk
das Ticket
der Prinz
der Film
der Krater
der/das Joghurt
der Karneval
die Natur

1 Schreibe die Fremdwörter nach ihrer Herkunft geordnet auf.
Hinweis: Wörter ohne Flagge stammen aus dem Lateinischen.

lateinisch:

Forsche nach, welche Herkunft diese Fremdwörter haben.

der Orang-Utan

der Moskito

der Papagei

der Elefant

Fremdwörter

2 Obst- und Gemüsenamen stammen meist aus den Ursprungsländern: Schreibe die Obst- und Gemüsewörter auf.

Ana · Ap · wi · sich · lo · nas · Me · ni · me · Sa · ri · go · se · ne · ko · ma · Pflau · chi · Pfir · Zuc · Man · Kar · To · Ki · tof · te · fel · lat

____

____

____

____

3 Verbinde die ausgewanderten Wörter mit ihren deutschen Verwandten.

ajzberg (alban.)	der Eisberg
rutschebane (dän.)	das Feuerwerk
bratwurst (engl.)	die Rutschbahn
pauza (poln.)	die Bratwurst
feyerverk (ukrain.)	die Pause

Forsche weiter nach ausgewanderten Wörtern.

Stars-Check 2

(1) Male alle Adjektive blau an.

kurbeln	hübsch	sonnig	Mandel	Fahrzeug
Hochsitz	rau	wetten	schwer	herzlich

(2) Setze die Adjektive aus Aufgabe 1 beschreibend in die Lücken ein.

Bei diesem ________________ Wetter spielen wir im Garten.

Jakob hat heute einen ____________________ Pullover an.

Ich muss eine ____________________ Entscheidung treffen.

Auf der Karte stehen ____________________ Grüße an alle.

Das ________________ Brett muss noch geschliffen werden.

(3) Suche dir zwei Adjektive aus Aufgabe 1 aus und schreibe sie in ihren Vergleichsformen.

__________________ – __________________ – __________________

__________________ – __________________ – __________________

(4) Setze passende Präpositionen in die Lücken.

Die Butter liegt _______ Kühlschrank. – Ich gehe _______ dir.

Das Heft liegt _______ dem Tisch. – Die Maus läuft _______ das Loch.

Die Uhr hängt _______ der Wand. – Die Sonne ist _______ den Wolken.

(5) Schreibe hier bestimmte … und unbestimmte Zahlwörter.

______________________________ ______________________________

______________________________ ______________________________

______________________________ ______________________________

APP Check

Subjekte erkennen und durch Pronomen ersetzen

(1) Unterstreiche in diesen Sätzen das Subjekt.

Lena wandert um den See.
Die Kinder fahren in den Ferien zur Tante.
Kurz vor der Abfahrt erreicht Oma den Bus.
Heute Abend bekommen Sina und Ben Besuch.
Im Zoo beobachtet die Klasse 4b wilde Tiere.
Ihren 10. Geburtstag feiert meine Schwester.
Mia hat schon wieder ihr Mäppchen vergessen.

(2) Setze in den Sätzen von Aufgabe 1 Pronomen (Fürwörter) als Subjekt ein.

Sie wandert um den See.

(3) Gleiches Pronomen – unterschiedliche Bedeutung! – Erkläre.

Lösungen Deutsch-Stars 4

(zum Heraustrennen die mittlere Klammer lösen)

Wortfelder erstellen

1. Male die Wörter passend zum Wortfeld an.

sagen – machen – gehen

tun, herstellen, spazieren, sprechen, schaffen, reden, informieren, wandern, stolpern, arbeiten, plappern, flüstern, berichten, schleichen, erklären, bewirken, durchführen, plaudern, trampeln, fragen, marschieren, erledigen, verrichten, antworten, hetzen, schlendern

2. Trage jeweils ein Wort aus Aufgabe 1 in der passenden Form ein.

Der Lehrer informiert die Kinder über den Ablauf des Wandertages. Paul fragt: „Wann kommen wir zurück?" Der Lehrer antwortet, dass es gegen 12 Uhr sein wird. Daraufhin plaudern alle noch etwas über die Dinge, die sie morgen sehen werden. Am Dienstag wandern alle Klassen der Schule. Die Klasse 4a schlendert/spaziert gemütlich durch die Stadt, die Klasse 4b spaziert/marschiert durch den Wald. Um kurz vor zwölf Uhr müssen sie zur Schule hetzen. Am Nachmittag haben die Kinder keine Hausaufgaben zu erledigen. Sie dürfen aber freiwillig an einer Wander-Geschichte arbeiten.

3. Ordne die Wörter in der Tabelle nach den drei Wortfeldern. Finde die Namen der Wortfelder.

gucken – die Katze – hübsch – der Delfin – die Kuh – sichten gutaussehend – das Pferd – der Kauz – attraktiv – anschauen schick – erblicken – starren – bezaubernd

Wortfeld: sehen/schauen	Wortfeld: Tiere	Wortfeld: schön
gucken	die Katze	hübsch
sichten	der Delfin	gutaussehend
anschauen	die Kuh	attraktiv
erblicken	das Pferd	schick
starren	der Kauz	bezaubernd

4. Streiche das Wort durch, das nicht zum Wortfeld gehört.

grün – gelb – ~~breit~~ – rot – blau

der Stiefel – die Sandale – der Turnschuh – ~~der Rock~~ – der Sneaker

kauen – ~~schwanken~~ – schmatzen – würgen – schlucken – speicheln

~~kalt~~ – freundlich – nett – sympathisch – liebenswert

der Regen – der Hagel – die Wolke – der Blitz – ~~der Teppich~~

5. Schreibe hier ein weiteres Wortfeld.

Wortfeld: ____________

offene Lösung

Nomen erkennen

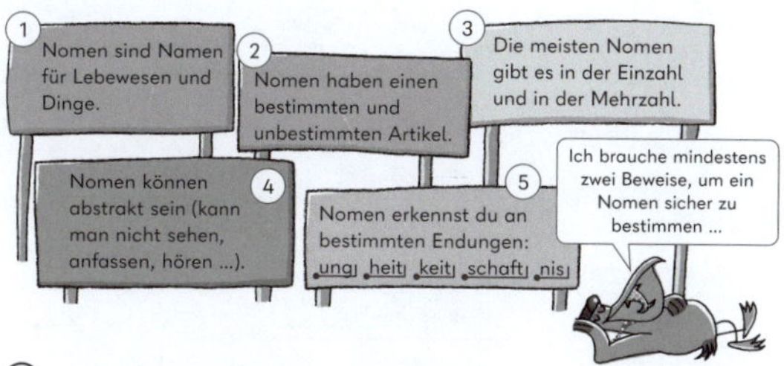

1. Sind das alles Nomen? Male bei jedem Wort die Nummern der passenden Beweise aus. Ergänze, wenn möglich, die Artikel und die Mehrzahl.

Wort	Beweise	Artikel	Mehrzahl
ZEUGNIS	1, 2, 3, 5	das/ein	die Zeugnisse
RETTER	1, 2, 3	der/ein	die Retter
BAUEN			
KILIAN	1, 2, 3	der/ein	die Kiliane
PLÖTZLICH			
SAUBERKEIT	2, 4, 5	die/eine	
SANDIG			
ZUKUNFT	2, 4	die/eine	
GEPÄCK	1, 2, 3	das/ein	die Gepäcke

2. Schreibe die Wörter aus Aufgabe 1 in richtiger Groß- und Kleinschreibung.

das Zeugnis, der Retter, bauen, der Kilian, plötzlich, die Sauberkeit, sandig, die Zukunft, das Gepäck

3. Verwandle diese Wörter in Nomen. Verwende dazu die passende Endung.

heilen, dumm, schön, bereit, ereignen, geheim, wissen, verpacken, gemein, lustig, sauber, hässlich, gefangen, erleben, verwandt, biegen, festlich, geloben, zucken, krank

ung	heit	keit
die Heilung	die Dummheit	die Lustigkeit
die Verpackung	die Schönheit	die Sauberkeit
die Biegung	die Gemeinheit	die Hässlichkeit
die Zuckung	die Krankheit	die Festlichkeit

schaft	nis	____
die Bereitschaft	das Ereignis	die Konzentration
die Wissenschaft	das Geheimnis	die Information
die Gefangenschaft	das Erlebnis	die Demonstration
die Verwandtschaft	das Gelöbnis	die Addition

4. Finde eine gemeinsame Endung, um diese Fremdwörter in Nomen zu verwandeln: *konzentrieren, informieren, demonstrieren, addieren*. Schreibe die Nomen in das freie Kästchen bei Aufgabe 3.

Was fällt dir bei den Artikeln der Nomen auf?
ung, heit, keit, schaft, tion → die / nis → das

5. Markiere die 11 Nomen-Fehler im Text farbig.

leonie bekommt für ihr kinderzimmer neue möbel. Daher fährt sie mit ihren eltern in ein möbelhaus, um ein größeres bett auszusuchen. Auch ein bunter teppich und eine lampe finden sich. Zuhause packen sie die sachen aus und stellen sie in den frisch gestrichenen raum. Dem mädchen gefällt es sehr gut.

APP Video

Wörter mit Nomen zusammensetzen

1. Setze jeweils zwei Nomen sinnvoll zusammen.

das Leder   der Baum   die Vanille   das Haus

der Apfel   die Schule   der Schuh   das Eis

die Lederschuhe/der Lederschuh, der Apfelbaum, das Vanilleeis,

das Baumhaus, das Schulhaus, die Baumschule

2. Setze jeweils ein Nomen und ein Verb sinnvoll zusammen.

das Buch   baden   das Spiel   rollen   der Schuh   lesen   suchen   die Wanne

das Lesebuch, die Badewanne, der Rollschuh, das Suchspiel

Zu welcher Wortart gehören die zusammengesetzten Wörter?
Sie gehören zu den Nomen.

3. Setze jeweils ein Nomen und ein Adjektiv sinnvoll zusammen.

das Gras   fern   grün   hart   das Haus   hoch   der Stein   das Glas

grasgrün, haushoch, das Hochhaus, steinhart, das Fernglas

Zu welcher Wortart gehören die zusammengesetzten Wörter?
Es entstehen Nomen oder Adjektive.

Welches Wort bestimmt den Artikel des zusammengesetzten Wortes?
(Bestimmungswort + Grundwort = zusammengesetztes Nomen)
Das Grundwort/
zweite Nomen
bestimmt den Artikel.

APP Video

Nomen in den vier Fällen nutzen

1. Setze das Nomen in der Klammer mit dem passenden Artikel in den Satz ein.

Im Garten spielt der Hund (Hund).

Die Blume (Blume) blüht nur im Sommer.

Das Mädchen (Mädchen) hat zwei Zöpfe.

Wer oder was ...?

Der Knochen des Hundes (Hund) ist vergraben.

Der Stängel der Blume (Blume) hat Dornen.

Die Haare des Mädchens (Mädchen) sind braun.

Wessen ...?

Das Futter gehört dem Hund (Hund).

Auf der Blume (Blume) sitzt ein Käfer.

Der Friseur schneidet dem Mädchen (Mädchen) die Haare.

Wem ...?

Der Tierarzt untersucht den Hund (Hund).

Der Gärtner gießt die Blume (Blume).

Die Mutter bewundert das Mädchen (Mädchen).

Wen oder was ...?

2. Schreibe selbst vier Sätze, in denen das Nomen jeweils in einem anderen Fall vorkommt.

Zeige deine Sätze einem Erwachsenen.

APP Video

Verben mit Wortbausteinen bilden

1. Setze die Verben mit allen passenden Vorsilben zusammen.

an   auf   be   vor   hin   ein   ver   zu   ent

fallen   gehen   stehen   sagen   kommen   legen   suchen

anfallen, auffallen, befallen, vorfallen, hinfallen, entfallen, verfallen, zufallen,

einfallen, angehen, aufgehen, begehen, vergehen, hingehen, eingehen, vorgehen,

aufgehen, zugehen, entgehen, …

2. Schreibe jeweils ein treffendes Wort aus Aufgabe 1 in die Lücke.

Marius möchte die Prüfung bestehen.

Ihr neuer Pulli fällt gleich auf.

Wegen deiner Grippe solltest du einen Arzt aufsuchen.

Die Wissenschaftler konnten diese Tatsache belegen.

Durch die Hefe geht der Teig auf.

Hoffentlich sagen viele Gäste auf deine Einladung zu.

Ohne Wasser werden die Pflanzen eingehen.

Beim ersten Weckerklingeln steht Tina auf.

Achtung, die Tür geht zu!

Welche Vorsilben bleiben am Verb, welche können abgetrennt werden?

Wenn Vorsilben nicht betont werden, kann man sie nicht abtrennen.

Verben in Personalformen verwenden

1. Schreibe die Verben passend zu den Pronomen. Markiere Veränderungen im Wortstamm.

schauen	erschrecken	halten
ich schaue	ich erschrecke	ich halte
du schaust	du erschrickst	du hältst
er/sie/es schaut	er/sie/es erschrickt	er/sie/es hält
wir schauen	wir erschrecken	wir halten
ihr schaut	ihr erschreckt	ihr haltet
sie schaut	sie erschrecken	sie halten

bitten	nehmen	laufen
ich bitte	ich nehme	ich laufe
du bittest	du nimmst	du läufst
er/sie/es bittet	er/sie/es nimmt	er/sie/es läuft
wir bitten	wir nehmen	wir laufen
ihr bittet	ihr nehmt	ihr lauft
sie bitten	sie nehmen	sie laufen

Bei welchen Pronomen finden die Änderungen statt?
du, er/sie/es

2. Schreibe weitere Verben, deren Wortstamm sich in den Personalformen verändert.

z. B. sehen, treffen, fangen, lassen, waschen …

APP Video

Verben in Zeitformen verwenden

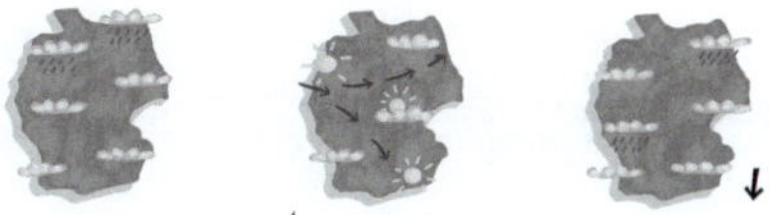

Und nun folgt der Wetterbericht: Gestern hingen über Teilen Deutschlands tiefe Wolken und es regnete vor allem im Norden. Heute scheint vereinzelt die Sonne, meistens weht ein kräftiger Wind. Morgen wird die Temperatur sinken und es werden erneut Regenwolken entstehen.

1. Unterstreiche Sätze,
   - die sich auf die Vergangenheit beziehen grün, - - - - -
   - die sich auf die Gegenwart beziehen blau und ———
   - die sich auf die Zukunft beziehen gelb. ~~~~

2. Kreise in den Sätzen die Verben und Hilfsverben ein.

3. Ordne die Verben und Hilfsverben zu.

Verben in der Vergangenheit	hingen, regnete, schneite, schien, stürmte
Verben in der Gegenwart	folgt, scheint, weht, hagelt, aufheizen
Verben in der Zukunft	wird sinken, werden entstehen, wird scheinen, wird gefrieren, wird sonnig

4. Ergänze Aufgabe 3 mit diesen Verben:

schneite | wird schneien | hagelt | schien | stürmte | wird gefrieren | aufheizen | wird sonnig

APP Video

5. Die Kinder erzählen vom Wochenende. Schreibe die Sätze in der 1. Vergangenheit auf. Markiere alle Verben farbig.

Am Sonntag bin ich mit dem Fahrrad gestürzt.	Am Sonntag stürzte ich mit dem Fahrrad.
Am Samstag hat mein Vater gegrillt.	Am Samstag grillte mein Vater.
Ich habe das ganze Wochenende an einem Aquarellbild gemalt.	Ich malte das ganze Wochenende an einem Aquarellbild.
Leonie und ich haben am Freitag gezeltet.	Leonie und ich zelteten am Freitag.
Du hast gestern auch Fußball gespielt.	Du spieltest gestern auch Fußball.

6. Erfinde Sätze in der 1. und 2. Vergangenheit. Benutze diese Verben: holen, suchen, bauen.

Zeige deine Sätze einem Erwachsenen.

7. Fülle die Lücken. Nimm ein Wörterbuch zur Hilfe. Markiere die Veränderungen farbig.

2. Vergangenheit	1. Vergangenheit	Gegenwart	Grundform	Zukunft
ich habe begonnen	ich begann	ich beginne	beginnen	ich werde beginnen
ich bin gefahren	ich fuhr	ich fahre	fahren	ich werde fahren
du hast geholt	du holtest	du holst	holen	du wirst holen
sie haben geholfen	sie halfen	sie helfen	helfen	sie werden helfen
er hat gekannt	er kannte	er kennt	kennen	er wird kennen
sie hat gebracht	sie brachte	sie bringt	bringen	sie wird bringen

8. Schreibe die Sätze fertig.

Gestern

Wenn ich erwachsen bin

Zeige deine Sätze einem Erwachsenen.

Letzte Woche

Nächsten Sommer

Heute

Als ich ein Baby war

Zeige deine Sätze einem Erwachsenen.

In der Zukunft

Gestern

Wortfamilien kennen

Eine Wortfamilie ist eine Gruppe von Wörtern, die den gleichen Wortstamm besitzt.

Manchmal verändert sich der Wortstamm leicht…

1. Male die Wörter einer Wortfamilie mit der gleichen Farbe an.

die Wohnung	die Lesung	die Laufbahn	er läuft	verreisen	du liest
er wohnt	bewohnbar	die Reiselust	das Lesebuch	verlaufen	
das Wohnhaus	belesen	die Weltreise	die Läuferin	sie reist	

2. Markiere bei Aufgabe 1 die Wortstämme mit ⌊ ⌋.
Beispiel: ⌊Wohn⌋ung

3. Wie heißen die vier Wortfamilien aus Aufgabe 1?

wohnen — lesen — laufen — reisen

4. Streiche das Wort durch, das nicht zur Wortfamilie gehört.

der Busfahrer – die Fähre – fahren – der ~~Karren~~ – verfahren
gegessen – sie isst – der Esslöffel – ~~vergessen~~ – die Essenszeit
verlesen – der ~~Lehrer~~ – die Lesebrille – sie liest – der Vorleser
der Ort – die Ortung – geortet – ~~geordnet~~ – verorten

5. Schreibe hier zwei weitere Wortfamilien.

Wortfamilie: ______ Wortfamilie: ______

offene Lösung — offene Lösung

Stars-Check 1

1. Kreise alle Nomen blau und alle Verben rot ein.

MOTOR | JAUCHZEN | KLETTERN | KOALA | SUCHEN
SPRUNG | ERLEBNIS | SCHLECKEN | PLATZEN | KIND

2. Bilde mit den Nomen aus Aufgabe 1 zusammengesetzte Wörter.

Bär | Rad | Erzählung | krabbeln | weit

Koalabär, Motorrad, Erlebniserzählung, Krabbelkind, Weitsprung

3. Setze das passende Nomen aus Aufgabe 1 mit seinem Artikel in die vier Fälle.

Der Koala sitzt die meiste Zeit auf einem Eukalyptusbaum.
Das Baby des Koalas lebt lange im Beutel auf dem Bauch seiner Mutter. 200 g bis 400 g Eukalyptusblätter pro Tag liefern dem Koala genug Energie.
Koalas gibt es freilebend nur in Australien.

4. Wähle ein Verb aus Aufgabe 1 und schreibe es passend zu den Pronomen und Zeitformen. z. B. suchen

2. Vergangenheit: ihr habt gesucht – ich habe gesucht
1. Vergangenheit: ich suchte – wir suchten
Gegenwart: er/sie/es sucht – ihr sucht
Zukunft: du wirst suchen – sie werden suchen

APP Check

Mit Adjektiven beschreiben

1. In jeder Zeile versteckt sich ein Adjektiv. Male es an.

G	v	U	l	u	F	j	i	l	s	c	h	e	u	G	S	i	C
s	c	h	w	e	r	y	t	w	i	z	h	t	i	l	H	O	h
l	a	n	g	s	a	m	I	V	o	e	s	f	w	R	l	i	c
k	k	R	y	g	i	f	t	i	g	N	p	l	s	o	k	E	u
h	X	J	h	t	P	n	W	v	i	e	l	f	a	r	b	i	g
Y	r	g	e	s	t	r	e	i	f	t	a	M	p	y	a	Z	Y
s	u	i	s	s	c	h	l	a	u	f	l	s	x	F	F	O	f
Q	b	d	L	i	k	k	v	b	l	a	u	ä	u	g	i	g	L
m	s	c	h	u	p	p	i	g	U	m	R	q	I	l	J	T	s
E	c	h	h	i	E	B	l	w	i	n	z	i	g	D	t	z	o
t	s	c	h	w	e	r	z	i	F	w	n	f	X	T	o	l	r
n	s	c	l	E	u	p	n	a	c	h	t	a	k	t	i	v	T

2. Setze die Adjektive aus Aufgabe 1 treffend in die Lücken ein.

der schuppige Lachs, die langsame Schnecke,

das gestreifte Zebra, der schwere Wal,

der blauäugige Husky, der schlaue Fuchs,

der vielfarbige Papagei, das scheue Reh,

die winzige Ameise, die giftige Natter,

der schwere Elefant, die nachtaktive Fledermaus,

Welche Aufgabe erfüllen Adjektive in unserer Sprache?
Adjektive helfen, etwas genauer zu beschreiben.

APP Video

Mit Adjektiven vergleichen – Grundform

1. Bilde Sätze wie im Beispiel.

groß — Die Biene ist so groß wie die Fliege.

süß — Die Schokolade ist so süß wie das Bonbon.

schnell — Der Wolf ist so schnell wie der Löwe.

schwer — Der Dinosaurier ist so schwer wie der Wal.

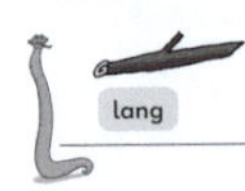

lang — Die Schlange ist so lang wie der Ast.

Ein Wort hilft dir dabei, gleiche Eigenschaften zu beschreiben. Markiere es in den Sätzen von Aufgabe 1 farbig.

2. Finde selbst passende Adjektive und vergleiche mit *wie*.

Deine Haut ist ______ Samt.
Der Rabe ist Zeige deine Lösung Nacht.
Meine Hände sind einem Erwachsenen. Schnee.
Das Brot von gestern ist ______ Stein.
Kilian ist ______ ein Fuchs.

APP Video

Mit Adjektiven vergleichen – 1. Vergleichsstufe

① Bilde Sätze wie im Beispiel.

groß
Die Biene ist größer als die Ameise.

süß
Die Schokolade ist süßer als die Zitrone.

schnell
Der Wolf ist schneller als die Schnecke.

schwer
Der Dinosaurier ist schwerer als der Vogel.

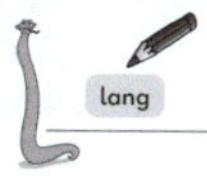
lang
Die Schlange ist länger als der Stift.

Du kannst Eigenschaften mit „als“ vergleichen.
Wie verändern sich die Adjektive? Markiere.

② Finde selbst passende Adjektive und vergleiche mit *als*.

Ich mag den Sommer ______ den Winter.

Mein Papa ist ___Zeige deine Lösung___ meine Mama.

Mein Rad fährt ___einem Erwachsenen.___ Mamas Motorrad.

Bei Neumond ist die Nacht ______ bei Vollmond.

Ein Goldring ist ______ ein Silberring.

Mit Adjektiven vergleichen – 2. Vergleichsstufe

① Denke dir Sätze mit diesen Adjektiven in der 2. Vergleichsstufe aus.

am schnellsten · am größten · am leichtesten · am kleinsten · am langsamsten · am schwersten

______

Zeige deine Lösung

einem Erwachsenen.

______

______

Manche Adjektive haben unregelmäßige Vergleichsformen:
z. B. *hoch – höher – am höchsten; gut – besser – am besten.*
Suche weitere Beispiele. Findest du auch Adjektive, die keine Vergleichsformen haben?

Z. B. grün, blau, tot, blind, ehemalig, absolut

② Bilde Vergleichsformen mit: super · mega · extra

witzig · hoch · tief · gemein · gefährlich · nett · selten · teuer · billig · schön · lässig

superwitzig, z. B. megahoch, supertief, megagemein,
extragefährlich, supernett, extrabillig, megaschön …

______

______

Adjektive zusammensetzen

der Stein + alt = steinalt
Nomen + Adjektiv = Adjektiv

treffen + sicher = treffsicher
Verb + Adjektiv = Adjektiv

bitter + böse = bitterböse
Adjektiv + Adjektiv = Adjektiv

① Setze die Wörter richtig zusammen. Verbinde sie und schreibe auf.

das Messer	gelb	zitronengelb
das Eis	vergnügt	quietschvergnügt
die Zitrone	begabt	hochbegabt
tropfen	scharf	messerscharf
quietschen	arm	bettelarm
betteln	reich	schwerreich
hoch	kalt	eiskalt
tief	nass	tropfnass
schwer	traurig	schwerreich

② Zerlege diese zusammengesetzten Adjektive in ihre Einzelwörter.
Achte auf die Groß- und Kleinschreibung.

hundemüde = Hund + müde

hellwach = hell + wach

treffsicher = treffen + sicher

aalglatt = Aal + glatt

dunkelblau = dunkel + blau

Zahlwörter

① Wie viele? Schreibe das richtige Zahlwort zum Bild.

drei Zwerge

achtzehn Bälle

zehn Blumen

hundert Nägel

////////////////////
zwanzig Striche

. . . .
einundzwanzig Punkte

drei · wenige · dreizehn · tausend · paar · vierten · zehn · einzelne · achter · alle · einund-zwanzig · dritte · hundert · sechsund-neunzig · viel · erster · zwanzig · jeder

② Schreibe ein passendes Zahlwort in die Lücke.

Nur ein ___paar___ Kinder haben die Hausaufgabe vergessen. Das ist aber ___viel___ Geld.

Nur ___wenige___ Kleepflanzen haben 4 Blätter.

Eine ___einzelne___ Socke kann ich nicht anziehen.

③ Suche auch hier die richtigen Zahlwörter.

Weihnachten ist nach dem ___vierten___ Advent.

Beim 100m-Lauf wurde ich ___erster___ Sieger.

Das ist meine ___dritte___ Eins in diesem Schuljahr.

Die Zahlwörter in Aufgabe **1**, **2** und **3** unterscheiden sich voneinander. Wie?

1 genaue Anzahl, 2 ungefähre Anzahl, 3 Reihenfolge

Zahlwörter

An alle Schüler und Eltern

Am nächsten Freitag findet um dreizehn Uhr unser Schul-Tischtennisturnier statt. Dazu haben sich bereits über vierzig Spieler angemeldet. Die Gewinner des ersten, zweiten und dritten Preises erhalten eine Medaille. Alle Schüler, Eltern und Lehrer sind herzlich als Zuschauer eingeladen. Gerne können auch ein paar Freunde mitkommen. Einige Personen werden am Getränkestand benötigt. Wir haben viele Kisten mit Saftschorle gespendet bekommen.

(4) Unterstreiche alle bestimmten und unbestimmten Zahlwörter im Text und schreibe sie geordnet auf.

bestimmte Zahlwörter	unbestimmte Zahlwörter
dreizehn	alle (Schüler und Eltern)
vierzig	Alle (Schüler)
ersten	Einige (Personen)
zweiten	viele (Kisten)
dritten	ein paar

(5) Unterstreiche: bestimmte Zahlwörter blau, unbestimmte grün.

wenige sechzig mehrere die Dritte

eine Million manche mehrmals der Erste

einzelne drei einhundert alle

die Hälfte allerlei null fünftens

Präpositionen nutzen

(1) Wo ist die Maus? Schreibe einen Satz mit der richtigen Präposition (Verhältniswort) zum Bild.

Die Maus sitzt vor dem Stuhl.

Die Maus ist neben dem Stuhl.

Die Maus ist unter dem Stuhl.

Die Maus ist zwischen den Stühlen.

Die Maus ist auf dem Stuhl.

an, auf, aus, bei, bis, durch, für, gegen, hinter, in, mit, nach, neben, ohne, über, um, unter, vor, zu, zwischen

(2) Anderer Sinn, gleiche Präpostion: Setze in jedem Satzpaar die richtige Präposition ein.

Das Geschenk ist für meinen Freund.
Du bekommst zwei Hefte für 1,50 €.

Wir treffen uns bei der Sporthalle.
Bei Regen fällt das Sportfest aus.

Bei Wanderungen gehen wir durch einen Tunnel durch.
Durch die Hilfe meiner Lehrerin habe ich die Aufgabe kapiert.

Präpositionen nutzen

(3) Ergänze die Lücken mit der passenden Präposition. Jede Präposition kommt einmal vor.

am, auf, aus, bei, im, in, über, unter, gegenüber, vor, zwischen, zum, hinter, neben

Das Volksfest findet auf dem Festplatz statt.

Evi fährt zum Wandern in die Berge.

Das Haus steht zwischen zwei Bäumen.

Die Katze kriecht unter das Sofa.

Ich komme am Montag wieder.

Der Hund rennt aus dem Haus über den Hof.

Vater holt Getränke aus dem Kühlschrank.

Mutter liegt krank im Bett.

Bei Regen bleibe ich zu Hause.

Ich stelle mich vor den Spiegel.

Links neben mir sitzt mein Nachbar Lukas.

Bei dem Spruch stehen sich die Kinder gegenüber und klatschen in die Hände.

Beim Versteck spielen krieche ich oft unter das Sofa.

Fremdwörter

die Gondel, die Mode, der Döner, der Humor, der Pullover, der Pfeffer, der Salat, der Ball, die Bibel, die Creme, der Kiosk, das Ticket, der Prinz, der Film, der Krater, der/das Joghurt, der Karneval, die Natur

(1) Schreibe die Fremdwörter nach ihrer Herkunft geordnet auf.
Hinweis: Wörter ohne Flagge stammen aus dem Lateinischen.

englisch: der Film, das Ticket, der Pullover

französisch: der Ball, der Prinz, die Mode

griechisch: die Bibel, der Krater, der Pfeffer

italienisch: die Gondel, der Karneval, der Salat

türkisch: der Döner, das /der Joghurt, der Kiosk

lateinisch: die Creme, der Humor, die Natur

Forsche nach, welche Herkunft diese Fremdwörter haben.

der Orang-Utan malaaisch

der Moskito spanisch

der Papagei französisch

der Elefant griechisch

Fremdwörter

(2) Obst- und Gemüsenamen stammen meist aus den Ursprungsländern: Schreibe die Obst- und Gemüsewörter auf.

sich lo nas Ap Ana wi ni me ri Me se go Sa ne ko ma chi Pfir Zuc Man Kar Pflau To Ki tof te fel lat

Melone, Pfirsisch, Mango, Pflaume, Kiwi,

Tomate, Kartoffel, Zucchini, Salat,

Aprikose, Ananas

(3) Verbinde die ausgewanderten Wörter mit ihren deutschen Verwandten.

ajzberg (alban.)	der Eisberg
rutschebane (dän.)	die Rutschbahn
bratwurst (engl.)	die Bratwurst
pauza (poln.)	die Pause
feyerverk (ukrain.)	das Feuerwerk

Auch deutsche Wörter werden in andere Sprachen übernommen und sind dann dort Fremdwörter.

Forsche weiter nach ausgewanderten Wörtern.

Stars-Check 2

(1) Male alle Adjektive blau an.

kurbeln, (hübsch), (sonnig), Mandel, Fahrzeug, Hochsitz, (rau), wetten, (schwer), (herzlich)

(2) Setze die Adjektive aus Aufgabe 1 beschreibend in die Lücken ein.

Bei diesem sonnigen Wetter spielen wir im Garten.

Jakob hat heute einen hübschen Pullover an.

Ich muss eine schwere Entscheidung treffen.

Auf der Karte stehen herzliche Grüße an alle.

Das raue Brett muss noch geschliffen werden.

(3) Suche dir zwei Adjektive aus Aufgabe 1 aus und schreibe sie in ihren Vergleichsformen.

z. B. sonnig – sonniger – am sonnigsten

rau – rauer – am rausten

(4) Setze passende Präpositionen in die Lücken.

Die Butter liegt im Kühlschrank. – Ich gehe zu dir.

Das Heft liegt auf dem Tisch. – Die Maus läuft in das Loch.

Die Uhr hängt an der Wand. – Die Sonne ist hinter den Wolken.

(5) Schreibe hier bestimmte … und unbestimmte Zahlwörter.

z. B. drei eine Million der Erste die Dritte

z. B. wenige manche alle mehrere

APP Check

Subjekte erkennen und durch Pronomen ersetzen

(1) Unterstreiche in diesen Sätzen das Subjekt.

Lena wandert um den See.
Die Kinder fahren in den Ferien zur Tante.
Kurz vor der Abfahrt erreicht Oma den Bus.
Heute Abend bekommen Sina und Ben Besuch.
Im Zoo beobachtet die Klasse 4b wilde Tiere.
Ihren 10. Geburtstag feiert meine Schwester.
Mia hat schon wieder ihr Mäppchen vergessen.

Nach dem Subjekt frage ich mit **„Wer oder was?"**.

(2) Setze in den Sätzen von Aufgabe 1 Pronomen (Fürwörter) als Subjekt ein.

Sie wandert um den See.

Sie fahren in den Ferien zur Tante.

Kurz vor der Abfahrt erreicht sie den Bus.

Heute Abend bekommen sie Besuch.

Im Zoo beobachten sie wilde Tiere.

Ihren 10. Geburtstag feiert sie.

Sie hat schon wieder ihr Mäppchen vergessen.

(3) Gleiches Pronomen – unterschiedliche Bedeutung! – Erkläre.

„sie" bedeutet eine weibliche Person oder mehrere /viele Personen.

(4) Setze passende Subjekte ein.

ein Löwe, die Antilopen, die Elefanten, viele Affen, das Krokodil, der Flamingo

Ein Löwe schleicht langsam durch die Wildnis.

Ruhig grasen die Antilopen auf einem Hügel.

Das Krokodil taucht im Wasser nach Beute.

Auf den Bäumen turnen viele Affen.

In der Ferne trompeten die Elefanten.

Der Flamingo steht auf einem Bein im Wasser.

(5) Ergänze die Lückensätze durch passende Subjekte.

_______ spielt den Ball zu dem Torwart zurück.

Mit einem prima Wurf befördert _______ den Ball in den Korb.

_______ bekommt für das Rennen eine Startnummer.

Zum Aufwärmen laufen _______ zwei Runden.

Zeige deine Lösung einem Erwachsenen.

Das Prädikat erkennen

① Unterstreiche in jedem Satz das Prädikat.

Pfeilschnell springt das Eichhörnchen auf den Ast.
Vorwiegend nachts jagt der Dachs.
Ameisen bauen oft große Hügel im Wald.
Feine und leise Geräusche hört der Luchs.
Flink verschwindet der Fuchs in seinem Bau.
Ihre Jungen versteckt die Waldmaus vor Feinden.

② Bilde nun mit den Sätzen von Aufgabe 1 Fragen.
Unterstreiche das Prädikat.

Was fällt dir auf? Das Prädikat steht immer am Satzanfang.

Springt das Eichhörnchen pfeilschnell auf den Ast?
Jagt der Dachs vorwiegend nachts?
Bauen Ameisen oft große Hügel im Wald?
Hört der Luchs feine und leise Geräusche?
Verschwindet der Fuchs flink in seinen Bau?
Versteckt die Waldmaus ihre Jungen vor Feinden?

APP Video

Das mehrteilige Prädikat erkennen und bilden

③ Wie heißen die Verben in der Grundform?
Schreibe sie auf.

sieht aus ansehen — malt an anmalen
rennt weg wegrennen — räumt auf aufräumen
holt ab abholen — bringt mit mitbringen

④ Unterstreiche das Prädikat in den Sätzen.

Deine Schultasche sieht wirklich gut aus.
Paul zieht seine neue Regenjacke an.
Das Glas fällt plötzlich vom Tisch herunter.
Papa schnallt sich im Auto immer an.
Morgen fällt der Sportunterricht leider aus.

⑤ Bilde Aussagesätze und unterstreiche das Prädikat.

Julia nachmittags einkaufen Buntstifte
Julia kauft nachmittags Buntstifte ein.
Tim am Abend abwaschen Geschirr
Tim wäscht am Abend Geschirr ab.
Niklas heute abheben Geld vom Konto
Niklas hebt heute Geld vom Konto ab.

Das Akkusativobjekt erkennen und verwenden

① Frage nach dem Akkusativobjekt.
Unterstreiche es und schreibe auf.

Der Feuerwehrmann löscht das lodernde Feuer.
Wen oder was löscht der Feuerwehrmann? das lodernde Feuer
Emilia kauft ein schönes Geburtstagsgeschenk.
Wen oder was kauft Emilia? ein schönes Geburtstagsgeschenk
Leon sucht sein neues Tagebuch.
Wen oder was sucht Leon? sein neues Tagebuch
Die Rennmaus frisst frische Gräser.
Wen oder was frisst die Rennmaus? frische Gräser
Max und Anton bekommen einen kleinen Hund.
Wen oder was bekommen Max und Anton? einen kleinen Hund

② Bilde Sätze mit Subjekt, Prädikat und Akkusativobjekt.
Unterstreiche das Objekt.

Ahmet	gießt	uns.
Nina	besuchen	die Blumen.
Oma und Opa	zeigt	ihr Fahrrad.
Der Gärtner	bekommt	einen Film.
Die Lehrerin	putzt	eine gute Note.

Ahmet bekommt eine gute Note.
Nina putzt ihr Fahrrad.
Oma und Opa besuchen uns.
Der Gärtner gießt die Blumen.
Die Lehrerin zeigt einen Film.

APP Video

Das Dativobjekt erkennen und verwenden

① Frage nach dem Dativobjekt.
Unterstreiche es und schreibe auf.

Der Hund gehorcht seinem Frauchen.
Wem gehorcht der Hund? seinem Frauchen
Emilia hilft ihren Großeltern.
Wem hilft Emilia? ihren Großeltern
Der Rasenmäher gehört dem Gärtner.
Wem gehört der Rasenmäher? dem Gärtner
Der Gast gratuliert dem Geburtstagskind.
Wem gratuliert der Gast? dem Geburtstagskind
Henry winkt seinem Opa zu.
Wem winkt Henry zu? seinem Opa

② Bilde Sätze mit Subjekt, Prädikat und Akkusativobjekt.
Unterstreiche das Objekt.

Das Kätzchen	dankt	uns.
Die Mutter	hilft	seinen Gästen.
Das Geburtstagskind	vertraut	seiner Mama.
Das Theaterstück	gefällt	Mia.
Die Kette	gehört	den Zuschauern.

Das Kätzchen vertraut seiner Mama.
Die Mutter hilft uns/Mia.
Das Geburtstagskind dankt seinen Gästen.
Das Theaterstück gefällt den Zuschauern.
Die Kette gehört uns/Mia.

APP Video

Das Akkusativ- und Dativobjekt

(1) Färbe die umrahmten Objekte: Akkusativobjekt (grün), Dativobjekt (blau).

Akkusativobjekt (4. Fall)

Der Hund zerbeißt die Hausschuhe.
Der Postbote bringt Lena ein Päckchen.
Sven hat seine Hausaufgaben vergessen.
Ich lese meinem Bruder oft am Abend vor.
Opa spielt mit seinen Enkeln Fußball.
Ich lege das Buch in das Regal.
Mich kannst du damit nicht ärgern.

Dativobjekt (3. Fall)

(2) Unterstreiche die Akkusativobjekte (grün) und die Dativobjekte (blau).

Anton erklärt seinem Freund ein Computerspiel.
Emilia schenkt ihrer Freundin Lena eine Tasche.
Ihrer Tante bring Sina ein Stück Kuchen.
Mia erklärt Ahmet die Hausaufgaben.
Ben und Leon zeigen Lisa ihr neues Zimmer.
Der Lehrerin überreicht Clemens ein Geschenk.
Der Hund bringt seinem Herrchen ein Stöckchen.

(3) Bilde Sätze mit Akkusativ- und Dativobjekten.

Lena Tim Meine Eltern Ich	bringt schenkt erkläre besorgen	ihrer Freundin, Anna, dem Hamster, meinem Bruder, ein Freundschaftsband, seine Hausschuhe, das Spiel, einen neuen Käfig

Lena schenkt ihrer Freundin ein Freundschaftsband.
Tim bringt Opa seine Hausschuhe.
Meine Eltern besorgen dem Hamster einen neuen Käfig.
Ich erkläre meinem Bruder das Spiel.

Ortsangaben erkennen und verwenden

(1) Frage nach den Ortsangaben und unterstreiche sie.
Notiere die passenden Fragewörter in den Klammern.

Mit „Wo? Woher? Wohin?" frage ich nach der Ortsangabe.

Die Schwalben fliegen im Oktober nach Afrika. (wohin?)
Die Vögel finden im Schnee keine Nahrung. (wo?)
Die Maus kommt aus ihrem Versteck. (woher?)

(2) Ergänze die Sätze mit passenden Ortsangaben.

Wo? Ich wohne in Zeige deine Sätze
Wohin? Ich fahre einem Erwachsenen.
Woher? Ich komme aus ____

(3) Setze die passenden Ortsangaben ein.

auf dem Schulhof | in ihre Klassen | aus dem Kopierraum | auf den Pausenhof | vor den Fenstern | dort

Die Schüler laufen auf dem Schulhof herum.
Nach dem Gong gehen sie in ihre Klasse.
Die Lehrerin kommt aus dem Kopierraum und der Unterricht beginnt.
In der Pause laufen alle auf dem Pausenhof.
Vor den Fenstern der Klasse 4b steht eine große Linde.
Im Frühjahr brüten dort Vögel.

APP Video

Zeitangaben erkennen und verwenden

(1) Frage nach den Zeitangaben und unterstreiche sie.
Notiere die passenden Fragewörter in den Klammern.

Mit „Wann?" und „Wie lange?" frage ich nach der Zeitangabe.

Wir gehen bald in den Zirkus. (wann?)
Wir müssen bis Montag auf den Brief warten. (wie lange?)
Wir fahren 14 Tage lang in den Urlaub. (wie lange?)
Kannst du mir demnächst mein Buch bringen? (wann?)

(2) Setze die passenden Zeitangaben ein.

letzte Woche | zwei Tage | nachmittags | vier Tage später

Paul schrieb seinem Freund letzte Woche einen Brief.
Er brachte ihn nachmittags um 15 Uhr zur Post.
Erst vier Tage später kam der Brief in Kassel an.
Normalerweise benötigt ein Biref nicht länger als zwei Tage.

(3) Ergänze die Sätze mit passenden Zeitangaben.

Wann? | Wie lange?

Der Film dauert ____ lang.
Zeige deine Lösung haben wir frei.
einem Erwachsenen. kommt Oma zu Besuch.
____ habe ich Geburtstag.
Der Zug kommt um ____ Uhr am Bahnhof an.
Unsere Sommerferien sind ____ lang.
____ habe ich mit meiner Freundin gespielt.

APP Video

Stars-Check 3

(1) Unterstreiche das Subjekt blau und das Prädikat rot.

Anna geht mit ihrem Bruder ins Kino.
Der Film beginnt um 16.00 Uhr.
Die beiden warten ungeduldig vor der Kasse.
Sie freuen sich auf den Film.

(2) Unterstreiche das zweiteilige Prädikat.

Sami räumt sein Zimmer auf.
Er leert den Papierkorb aus.
Dann staubt Sami das Regal ab.

(3) Schreibe die Sätze mit passenden Objekten weiter.

seiner Oma | ihrem Papa | einen Stern | einen Brief

Leon schreibt seiner Oma einen Brief.
Sina bastelt ihrem Papa einen Stern.

(4) Unterstreiche die Dativobjekte grün und die Akkusativobjekte orange.

Linus sucht seine Buntstifte.
Er möchte mit seinem Freund malen.

(5) Bestimme die Satzglieder.
Schreibe die richtigen Abkürzungen in die Klammern.

Subjekt (S) | Prädikat (P) | Ortsangabe (O) | Zeitangabe (Z)

Toni (S) liegt (P) seit einer Stunde (Z) im Garten (O).
In der Hängematte (O) liest (P) Toni (S) einen Comic.
Um 16.00 Uhr (Z) ruft (P) Tonis Mutter (S) nach ihm.
Jetzt (Z) muss (P) er (S) ins Haus (O).

APP Check

Satzglieder mit der Umstellprobe erkennen

AM · FREUNDEN · ESSEN · GERNE · IM · IHREN

SPAGHETTI · KINDER · MIT · MIT · MITTAG

SCHÜLERCAFE · VIELE · TOMATENSOßE

1. Probiere aus, wie du die Teile des Satzes sinnvoll umstellen kannst.

Viele Kinder essen mit ihren Freunden am Mittag im Schülercafé gerne Spaghetti mit Tomatensoße.

Viele Kinder essen am Mittag mit ihren Freunden gerne Spaghetti mit Tomatensoße im Schülercafe.

Zeige deine Sätze einem Erwachsenen.

2. Unterstreiche in den Sätzen das Subjekt, das Prädikat, die Objekte und die Orts- und Zeitangabe jeweils mit einer Farbe.

APP Video

3. Wie heißen die Satzglieder, die in Großbuchstaben notiert sind?

Subjekt · Prädikat · Dativobjekt

Akkusativobjekt · Ortsangabe · Zeitangabe

AM NACHMITTAG schaue ich im Kino mit meinem Bruder den neuen Film an.	Zeitangabe
Am Nachmittag SCHAUE ich im Kino mit meinem Bruder den neuen Film AN.	Prädikat
Am Nachmittag schaue ICH im Kino mit meinem Bruder den neuen Film an.	Subjekt
Am Nachmittag schaue ich IM KINO mit meinem Bruder den neuen Film an.	Ortsangabe
Am Nachmittag schaue ich im Kino MIT MEINEM BRUDER den neuen Film an.	Dativobjekt
Am Nachmittag schaue ich im Kino mit meinem Bruder DEN NEUEN FILM an.	Akkusativobjekt

4. Ergänze die Sätze mit den Satzgliedern aus Aufgabe 3.

a) Nicht mit meiner Schwester, sondern mit meinem Bruder schaue ich am Nachmittag im Kino den neuen Film an.

b) Nicht den alten, sondern den neuen Film schaue ich am Nachmittag mit meinem Bruder im Kino an.

b) Nicht am Abend, sondern am Nachmittag schaue ich den neuen Film im Kino an.

Satzglieder bestimmen

1. Verbinde richtig.

Peter	Prädikat
bringt	Subjekt
dem Lehrer	Akkusativobjekt
Kreide.	Dativobjekt

Das Buch	Subjekt
schenke	Prädikat
ich	Akkusativobjekt
dir.	Dativobjekt

Meine Schwester	Dativobjekt
schreibt	Subjekt
ihrer Freundin	Akkusativobjekt
einen Brief.	Prädikat

2. Bestimme die Satzglieder und schreibe auf, wie sie heißen.

Tante Susi	Subjekt
schenkt	Prädikat
den Kindern	Dativobjekt
leckere Schokolade.	Akkusativobjekt

Ihrer Oma	Dativobjekt
überreichen	Prädikat
Lena und Felix	Subjekt
frische Blumen.	Akkusativobjekt

3. Verbinde richtig.

Mein Vater	Prädikat
gießt	Ortsangabe
am Abend	Akkusativobjekt
die Blumen	Subjekt
im Garten.	Zeitangabe

In den Ferien	Prädikat
kauft	Subjekt
meine Mama	Dativobjekt
mir	Ortsangabe
im Kaufhaus	Zeitangabe
neue Kleidung.	Akkusativobjekt

4. Bestimme die Satzglieder und schreibe auf, wie sie heißen.

Der kleine Hund	Subjekt
im Park	Ortsangabe
hat	Prädikat
krumme Beine.	Akkusativobjekt

Den Hund	Akkusativobjekt
fütterten	Prädikat
sie	Subjekt
am Abend	Zeitangabe
im Hof.	Ortsangabe

Sätze erweitern

1. Erweitere die Sätze schrittweise um jeweils einen Satz.

eine Geschichte | im Morgenkreis | den Kindern | seiner Klasse

Leon erzählt. Leon erzählt eine Geschichte. Leon erzählt den Kindern eine Geschichte. Leon erzählt den Kinder im Morgenkreis eine Geschichte. Leon erzählt den Kindern seiner Klasse im Morgenkreis eine Geschichte.

in der Nacht | von einem Riesen | in einer Höhle | mit Glatze

Emilia träumt Emila träumt in der Nacht. Emilia träumt in der Nacht von einem Riesen. Emilia träumt in der Nacht von einem Riesen in einer Höhle. Emilia träumt in der Nacht von einem Riesen mit Glatze in einer Höhle.

heute | in einen Zauberer | im Theaterstück | mit schwarzem Zylinder

Noah verwandelt sich Noah verwandelt sich heute. Noah verwandelt sich heute im Theaterstück. Noah verwandelt sich heute im Theaterstück in einen Zauberer. Noah verwandelt sich heute im Theaterstück in einen Zauberer mit schwarzem Zylinder.

Sätze verkürzen

1. Welche Satzglieder kannst du weglassen? Streiche diese durch.

Annas Handy klingelt ~~im Schulbus laut.~~
Sina schießt ~~in jedem Fußballspiel ein Tor.~~
Maxi isst ~~sein Pausenbrot immer in der zweiten Pause.~~
Paul füttert ~~jeden Morgen seinen kleinen Hund.~~
Die Lehrerin lobt ~~Kilian für seine Mitarbeit im Unterricht.~~
Finn pfeift ~~in der Badewanne mit seinem kleinen Bruder ein lustiges Lied.~~

2. Schreibe die verkürzten Sätze aus Aufgabe 1.

Annas Handy klingelt. Sina schießt. Max isst. Paul füttert.
Die Lehrerin lobt. Finn pfeift.

3. Verkürze die Sätze soweit wie möglich. Achte auf das mehrteilige Prädikat.

Anton räumt ~~jeden Tag nach der Schule seine Schultasche~~ aus.
Papa holt ~~Lena von einem Fußballturnier auf dem Sportplatz~~ ab.
Toni spielt ~~den Zuhörern auf dem Konzert ein Lied auf dem Klavier~~ vor.
~~Annas Hund~~ Struppi bellt ~~fremde Menschen an der Gartentüre~~ an.

4. Schreibe die verkürzten Sätze aus Aufgabe 3.

Anton räumt aus.
Papa holt ab.
Toni spielt vor.
Struppi bellt an.

Sätze verbinden mit denn, weil ...

1. Ergänze die Sätze mit einem passenden Bindewort.

denn | aber | weil | wenn | und | oder | dass

a) Nimmst du den Bus oder fährst du mit dem Auto?

b) Ich möchte nicht, dass du ohne Mütze aus dem Haus gehst.

c) Wenn es morgen nicht regnet, gehen wir ins Schwimmbad.

d) Ich möchte gerne mit Hanna Tischtennis spielen, aber sie hat keine Lust.

e) Sophie putzt ihr Fahrrad und Elias hilft ihr dabei.

f) Wir müssen schnell nach Hause, denn es wird bereits dunkel.

g) Felix backt einen Kuchen, denn seine Mutter hat Geburtstag.

h) Anna kann nicht in die Schule, weil sie krank ist.

i) Möchtest du Kaffee oder trinkst du lieber Tee?

j) Ich kaufe mir ein Smartphone, wenn ich genug Geld gespart habe.

APP Video

2. Verbinde die Sätze mit einem passenden Bindewort.

a) Lukas gewinnt das Rennen. Er fährt am schnellsten.

Lukas gewinnt das Rennen, weil er am schnellsten fährt.

b) Wir müssen im Haus spielen. Draußen regnet es.

Wir müssen im Haus spielen, weil es draußen regnet.

c) Alex rennt schnell. Maxi rennt schneller.

Alex rennt schnell, aber Maxi rennt schneller.

d) Stefan geht nach Hause. Er ist krank.

Stefan geht nach Hause, weil er krank ist.

e) Kannst du dein Zimmer aufräumen? Hast du keine Zeit?

Kannst du dein Zimmer aufräumen oder hast du keine Zeit?

f) Linus mag seine Fahrzeuge. Er mag auch seine Tiere.

Linus mag seine Fahrzeuge und er mag auch seine Tiere.

Sätze verbinden mit weil, während, obwohl

① Verbinde die Sätze mit weil, während oder obwohl.

Ich setze eine Mütze auf. Mir ist kalt.

Ich setze eine Mütze auf, weil mir kalt ist.

Mia trödelt. Sie muss zur Schule.

Mia trödelt, weil /obwohl sie zur Schule muss.

Meine Schwester liest. Mein Bruder spielt Fußball.

Meine Schwester liest, während mein Bruder Fußball spielt.

Lena kann nicht kommen. Sie ist krank.

Lena kann nicht kommen, weil sie krank ist.

Max spielt im Garten. Die Eltern unterhalten sich.

Max spielt im Garten, während die Eltern sich unterhalten.

Tim rennt über die Straße. Die Ampel ist rot.

Tim rennt über die Straße, obwohl die Ampel rot ist.

Emma kann kommen. Sie hat Zeit.

Emma kann kommen, weil sie Zeit hat.

② Schreibe die Sätze weiter. Verbinde mit dass.

Ich hoffe,	dass	
Ich wünsche mir,		Zeige deine Sätze einem Erwachsenen.
Ich möchte		
Ich weiß		
Ich ____________		

③ Welches Bindewort passt nicht? Streiche es durch.

Die Soße ist angebrannt, obwohl / ~~während~~ ich ständig umgerührt habe.

Sie stellt sich unter, ~~obwohl~~ / während es regnet.

Meine Handy-Rechnung ist hoch, obwohl / ~~während~~ ich aufgepasst habe.

Er findet seinen Füller nicht, obwohl / ~~während~~ er überall gesucht hat.

Luca schreibt ein Gedicht, ~~obwohl~~ / während seine Schwester malt.

Oma und Opa kochen, ~~obwohl~~ / während Sophia und Leon im Garten spielen.

④ Bilde Sätze.

Wer?	tut was?	Warum?
Meine Katze	schmollt,	weil
	freut sich,	
	ist froh,	Zeige deine Sätze einem Erwachsenen.
	schimpft,	
	ist traurig,	
	ist zornig,	
	ist glücklich,	

Einfache Kommaregeln anwenden

Kommas kann ich auf verschiedene Art und Weise einsetzen.

Sport, Musik, Kunst und Mathematik sind ihre Lieblingsfächer.

① Setze die fehlenden Kommas farbig ein.

Kommas setzt man bei Aufzählungen.

Im Korb sind Äpfel,Birnen,Käse,Brot,Kartoffeln und Zwiebeln. Wir sind brav,fleißig und erledigen immer unsere Hausaufgaben. Oma lädt ihre Enkel Sophie,Tim,Anna und Clara zu sich ein. Berlin,München,Hamburg,Kiel und Bremen sind deutsche Städte.

Mein eigener Satz:

Zeige deine Sätze einem Erwachsenen.

Ich muss heute früh aufstehen, weil ich den Hund ausführen soll.

② Setze die fehlenden Kommas farbig ein.

Kommas stehen zwischen zwei Sätzen.

Er freute sich,dass er schulfrei hatte. Ich kann leider nicht kommen,weil ich keine Zeit habe. Peter möchte gerne ins Schwimmbad,aber es ist viel zu kalt. Lene geht heute nicht zur Schule,sondern sie bleibt zu Hause.

und bzw. oder ersetzen das Komma.

Mein eigener Satz:

Zeige deine Sätze einem Erwachsenen.

Lieber Manuel, ich schreibe dir ...

Kommas setzt man nach Anreden.

③ Setze die fehlenden Kommas farbig ein.

Liebe Mama,ich wünsche dir alles Gute zum Geburtstag. Sehr geehrte Frau Huber,ich möchte mich bei Ihnen herzlich bedanken. Hallo Magdalena,hast du heute Zeit?

Mein eigener Satz:

Zeige deine Sätze einem Erwachsenen.

Aua, du tust mir weh!

Kommas stehen nach Empfindungswörtern, wenn du diese hervorheben möchtest.

④ Setze die fehlenden Kommas farbig ein.

Oh je,war das wieder viel Arbeit! Verflixt,schon wieder eine Fünf! Oh Gott,ich habe den Bus verpasst! Prima,du hast alle Aufgaben erledigt!

Mein eigener Satz:

Zeige deine Sätze einem Erwachsenen.

Wörtliche Rede markieren

Wenn in einem Text jemand etwas sagt, steht das in der wörtlichen Rede. Sie wird in Anführungszeichen gesetzt.

Paul ruft Antonia zu: „Wir gehen zum Spielplatz.“

Begleitsatz — Wörtliche Rede

① Steht der Begleitsatz vorne **V**, in der Mitte **M** oder hinten **H**? Unterstreiche und kreuze an.

	V	M	H
Finn fragt: „Wo ist mein T-Shirt?“	X		
„Ich habe gewonnen“, freut sich Hannah.			X
„Ich glaube“, sagt Laura, „Oma kommt heute zu Besuch.“		X	
„Wir essen heute im Restaurant“, sagt Evi.			X
„Ich finde“, meint Jonas, „unser Hund hat ein wunderschönes Fell.“		X	
Mutter ruft Sarah zu: „Bitte komm schnell!“	X		

② Unterstreiche die wörtliche Rede und setze die Anführungszeichen ein.

Lara schlägt vor: „Lass uns ins Schwimmbad gehen.“

„Das ist eine gute Idee“, antwortet Leonie.

„Wie lange bleiben wir denn?“, fragt Leonie.

„Ich denke“, antwortet Lara, „ich muss um 17 Uhr zu Hause sein.“

Leonie meint: „Dann sage ich meiner Mutter kurz Bescheid, dass ich um fünf Uhr wieder zu Hause bin.“

APP Video

③ Ergänze alle Anführungszeichen der wörtlichen Rede und die fehlenden Doppelpunkte.

Eine Mutter fragt ihr Kind: „Wo hast du denn dein Zeugnis?“
Das Kind antwortet: „Das habe ich Paula mitgegeben.
Sie will damit ihre Eltern erschrecken!“

Als Tommy nach Hause kommt, erwartet ihn sein Vater schon verärgert: „Deine Lehrerin hat angerufen und sich schon wieder über dich beschwert!“
„Das kann nicht sein“, meint Tommy, „heute bin ich doch gar nicht da gewesen.“

Der erste Schultag. Mitten in der ersten Stunde packt Philipp sein Brötchen aus. Sagt die Lehrerin: „Du, hier gibt es aber kein Frühstück!“
„Das dachte ich mir schon“, grinst Philipp, „deshalb habe ich mir ja auch was mitgebracht!“

④ Notiere deinen Lieblingswitz. Setze Anführungszeichen und Satzzeichen ein.

Zeige deinen Witz einem Erwachsenen.

Redewendungen kennen

① Was ist gemeint? Verbinde die Bilder und die passenden Redewendungen.

- auf der Nase herumtanzen
- eine rosarote Brille aufhaben
- Geld aus dem Fenster werfen
- auf die Tube drücken
- sich den Kopf zerbrechen
- Tomaten auf den Augen haben

Redewendungen darf man nicht wörtlich nehmen.

② Verbinde die Redewendungen mit der richtigen Bedeutung.

auf der Nase herumtanzen	etwas nicht mehr aushalten
eine rosarote Brille aufhaben	sich beeilen
Geld aus dem Fenster werfen	jemandem Glück wünschen
auf die Tube drücken	angestrengt nachdenken
sich den Kopf zerbrechen	sehr wütend werden
aus der Haut fahren	nicht aufgeben
Tomaten auf den Augen haben	verschwenderisch mit Geld umgehen
jemandem die Daumen drücken	nicht bemerken, was passiert
die Nase voll haben	Dinge zu positiv sehen
am Ball bleiben	machen, was man will

③ Welche Redewendungen sind hier dargestellt? Erkläre.

Etwas kaufen, ohne es vorher zu prüfen/anzuschauen.

Sich auf etwas einlassen, ohne genau zu wissen, worauf.

Jemand ist begriffsstutzig/etwas Offensichtliches nicht sehen.

Stars-Check 4

① Trenne die Satzglieder mit Strichen voneinander ab. Stelle den Satz zweimal um.

Henry fährt am Samstag mit Leon ins Schwimmbad.

Am Samstag fährt Henry mit Leon ins Schwimmbad.

Mit Leon fährt Henry am Samstag ins Schwimmbad.

② Streiche die Satzglieder durch, die du weglassen kannst. Schreibe danach den verkürzten Satz. Der Taucher fotografiert mit seiner Kamera am Meeresgrund verschiedene Tiere.

Der Taucher fotografiert.

③ Erweitere den angefangenen Satz um zwei Satzglieder.

Emilie singt offene Lösung

④ Verbinde die Sätze mit dem passenden Bindewort.

während | weil | obwohl

Nina möchte ein Glas Wasser. Sie ist durstig.

Nina möchte ein Glas Wasser, weil sie durstig ist.

Tom schaut aus dem Fenster. Er telefoniert.

Tom schaut aus dem Fenster, während er telefoniert.

Hannah muss zur Schule. Sie hat Geburtstag.

Hannah muss zur Schule, obwohl sie Geburtstag hat.

⑤ Ergänze die Satz- und Redezeichen. Unterstreiche die wörtliche Rede.

[„] Wie war es in der Schule [?] [“] [,] fragt Papa [.]

Paul antwortet [:] [„] Es war heute sehr spannend [./!] [“]

[„] Leon hat uns überrascht [“] [,] schwärmt Paul [,] [„] und seinen Hund mitgebracht [.] [“]

APP Check

Wortwissen – Satzwissen

Prädikat (Satzaussage)
- Was tut jemand? Was geschieht?
- ist immer ein Verb
- braucht jeder Satz

Nomen (Namenwörter)
- sind **Namen** für Menschen, Tiere, Pflanzen, Dinge, Gefühle, Ereignisse, Gedanken ...
- haben einen **Begleiter**: das Buch / ein Buch
- gibt es meistens in der **Einzahl** und in der **Mehrzahl**: das Buch – die Bücher
- haben Erkennungs-**Endungen**: ung, heit, keit, schaft ...
- kann man mit anderen Wörtern zusammensetzen: das Wörterbuch, der Bücherwurm, das Lesebuch, bücherkundig

Bindewörter
- **und, oder, denn, aber, dass, obwohl ...**
- verbinden zwei Sätze miteinander

Verben (Tunwörter)
- sagen, was ein Lebewesen oder Ding **tut**
- haben in der **Grundform** die Endung en, ern oder eln: schwimmen, rudern, paddeln
- passen hinter **ich** und **wir**: ich gehe, wir gehen
- können in verschiedenen **Zeiten** stehen: Gestern ging ich zur Schule.

Objekt (Satzergänzung)
- erweitert Sätze
- gibt uns mehr Informationen
- **Dativobjekt (Satzergänzung im 3. Fall)**: Wem?
- **Akkusativobjekt (Satzergänzung im 4. Fall)**: Wen oder was?

Pronomen (Fürwörter)
- stehen für Nomen: Der Hund bellt. Er bellt.
- begleiten Nomen: Das ist meine Tasche.
- **ich, du, er, sie, es, wir, ihr, sie**
- **mein, mich, dich, dir, unser, euch, ihre ...**

Zahlwörter
- bestimmte Zahlwörter geben eine genaue menge an: **drei, vierzehn, hundert, erster, dritten ...**
- unbestimmte Zahlwörter geben eine Menge nur ungefähr an: **manche, viele, einige, einzelne, jeder ...**

Orts- und Zeitangaben
- Wo? Woher? Wohin?
- Wann? Wie lange?

Adjektive (Wiewörter)
- **Wie** ist jemand? **Wie** ist etwas?
- passen gut **zwischen** einen Artikel und ein Nomen: der grüne Rasen, das wilde Pony
- haben **Vergleichsformen**: wild – wilder – am wildesten
- haben oft **Gegenteile**: wild – zahm
- haben Erkennungs-**Endungen**: lich, sam, ig, bar

Subjekt (Satzgegenstand)
- Wer oder was?
- ist immer ein Nomen oder Pronomen
- braucht jeder Satz

Artikel (Begleiter)
- passen zu Nomen
- **der/die/das** (bestimmte Artikel)
- **ein/eine** (unbestimmte Artikel)

Wörtliche Rede
- wenn in einem Text jemand etwas sagt, steht das in der wörtlichen Rede
- hat am Anfang und am Ende Anführungszeichen
- kann einen Begleitsatz haben: Lena sagt: „...“ / „...“, sagt Lena. / „...“, sagt Lena, „...“

Präpositionen (Verhältniswörter)
- helfen bei der Bestimmung von Zeit und Ort
- **man, auf, bei, bis, durch, gegen, in, nach, neben, über, unter, zu, zwischen ...**

Mit Sprache malen

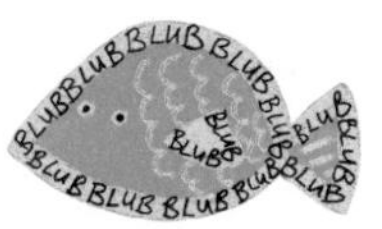

Hier ist Platz für deine eigenen Sprachmalereien:

Hier ist Platz für deine Notizen:

4 Setze passende Subjekte ein.

ein Löwe | die Antilopen | die Elefanten

viele Affen | das Krokodil | der Flamingo

________________ schleicht langsam durch die Wildnis.

Ruhig grasen ________________ auf einem Hügel.

________________ taucht im Wasser nach Beute.

Auf den Bäumen turnen ________________.

In der Ferne trompeten ________________.

________________ steht auf einem Bein im Wasser.

5 Ergänze die Lückensätze durch passende Subjekte.

________________ spielt den Ball zu dem Torwart zurück.

Mit einem prima Wurf befördert ________________ den Ball in den Korb.

________________ bekommt für das Rennen eine Startnummer.

Zum Aufwärmen laufen ________________ zwei Runden.

Das Prädikat erkennen

(1) Unterstreiche in jedem Satz das Prädikat.

Pfeilschnell springt das Eichhörnchen auf den Ast.
Vorwiegend nachts jagt der Dachs.
Ameisen bauen oft große Hügel im Wald.
Feine und leise Geräusche hört der Luchs.
Flink verschwindet der Fuchs in seinem Bau.
Ihre Jungen versteckt die Waldmaus vor Feinden.

(2) Bilde nun mit den Sätzen von Aufgabe 1 Fragen.
Unterstreiche das Prädikat.

Was fällt dir auf?

Springt das Eichhörnchen pfeilschnell auf den Ast?

APP Video

Das mehrteilige Prädikat erkennen und bilden

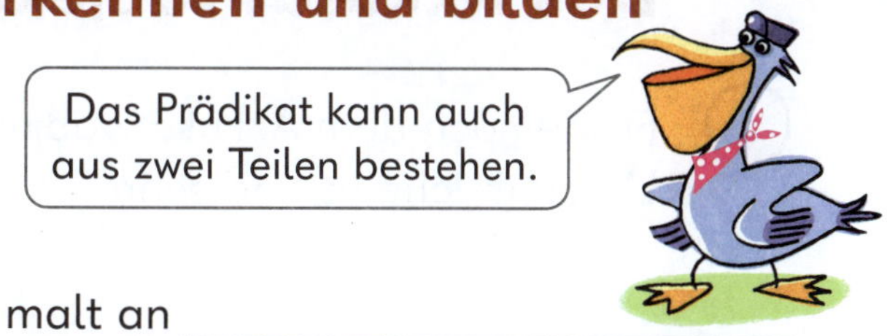

3 Wie heißen die Verben in der Grundform? Schreibe sie auf.

sieht aus ______________________ malt an ______________________

rennt weg ______________________ räumt auf ______________________

holt ab ______________________ bringt mit ______________________

4 Unterstreiche das Prädikat in den Sätzen.

Deine Schultasche sieht wirklich gut aus.
Paul zieht seine neue Regenjacke an.
Das Glas fällt plötzlich vom Tisch herunter.
Papa schnallt sich im Auto immer an.
Morgen fällt der Sportunterricht leider aus.

5 Bilde Aussagesätze und unterstreiche das Prädikat.

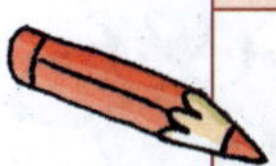

Julia	nachmittags	einkaufen	Buntstifte

Tim	am	Abend	abwaschen	Geschirr

Niklas	heute	abheben	Geld	vom	Konto

Das Akkusativobjekt erkennen und verwenden

1 Frage nach dem Akkusativobjekt.
Unterstreiche es und schreibe auf.

Das Akkusativobjekt ist eine Satzergänzung im 4. Fall. Ich frage danach mit **„Wen oder was?"**

Der Feuerwehrmann löscht das lodernde Feuer.

Wen oder was löscht der Feuerwehrmann? das lodernde ______

Emilia kauft ein schönes Geburtstagsgeschenk.

Wen oder was kauft Emilia? ______

Leon sucht sein neues Tagebuch.

Wen oder was sucht Leon? ______

Die Rennmaus frisst frische Gräser.

Wen oder was frisst die Rennmaus? ______

Max und Anton bekommen einen kleinen Hund.

Wen oder was bekommen Max und Anton? ______

2 Bilde Sätze mit Subjekt, Prädikat und Akkusativobjekt.
Unterstreiche das Objekt.

Ahmet	gießt	uns.
Nina	besuchen	die Blumen.
Oma und Opa	zeigt	ihr Fahrrad.
Der Gärtner	bekommt	einen Film.
Die Lehrerin	putzt	eine gute Note.

______

______

______

______

______

APP Video

Das Dativobjekt erkennen und verwenden

1 Frage nach dem Dativobjekt.
Unterstreiche es und schreibe auf.

Das Dativobjekt ist eine Satzergänzung im 3. Fall. Ich frage danach mit **„Wem?“**

Der Hund gehorcht seinem Frauchen.

Wem gehorcht der Hund? seinem ______________________

Emilia hilft ihren Großeltern.

Wem hilft Emilia? ______________________

Der Rasenmäher gehört dem Gärtner.

Wem gehört der Rasenmäher? ______________________

Der Gast gratuliert dem Geburtstagskind.

Wem gratuliert der Gast? ______________________

Henry winkt seinem Opa zu.

Wem winkt Henry zu? ______________________

2 Bilde Sätze mit Subjekt, Prädikat und Akkusativobjekt.
Unterstreiche das Objekt.

Das Kätzchen	dankt	uns.
Die Mutter	hilft	seinen Gästen.
Das Geburtstagskind	vertraut	seiner Mama.
Das Theaterstück	gefällt	Mia.
Die Kette	gehört	den Zuschauern.

____

____

____

____

____

APP Video

Das Akkusativ- und Dativobjekt

1 Färbe die umrahmten Objekte: Akkusativobjekt (grün), Dativobjekt (blau).

Akkusativ-
objekt
(4. Fall)

Der Hund zerbeißt die Hausschuhe.
Der Postbote bringt Lena ein Päckchen.
Sven hat seine Hausaufgaben vergessen.
Ich lese meinem Bruder oft am Abend vor.
Opa spielt mit seinen Enkeln Fußball.
Ich lege das Buch in das Regal.
Mich kannst du damit nicht ärgern.

Dativ-
objekt
(3. Fall)

2 Unterstreiche die Akkusativobjekte (grün) und die Dativobjekte (blau).

Anton erklärt seinem Freund ein Computerspiel.
Emilia schenkt ihrer Freundin Lena eine Tasche.
Ihrer Tante bring Sina ein Stück Kuchen.
Mia erklärt Ahmet die Hausaufgaben.
Ben und Leon zeigen Lisa ihr neues Zimmer.
Der Lehrerin überreicht Clemens ein Geschenk.
Der Hund bringt seinem Herrchen ein Stöckchen.

3 Bilde Sätze mit Akkusativ- und Dativobjekten.

Lena Tim Meine Eltern Ich	bringt schenkt erkläre besorgen	ihrer Freundin Anna dem Hamster meinem Bruder ein Freundschaftsband seine Hausschuhe das Spiel einen neuen Käfig

Ortsangaben erkennen und verwenden

Mit „Wo? Woher? Wohin?“ frage ich nach der Ortsangabe.

1 Frage nach den Ortsangaben und unterstreiche sie.
Notiere die passenden Fragewörter in den Klammern.

Die Schwalben fliegen im Oktober nach Afrika. (____________)

Die Vögel finden im Schnee keine Nahrung. (____________)

Die Maus kommt aus ihrem Versteck. (____________)

2 Ergänze die Sätze mit passenden Ortsangaben.

Wo?	Ich wohne in ______________________________
Wohin?	Ich fahre ______________________________
Woher?	Ich komme aus ______________________________

3 Setze die passenden Ortsangaben ein.

auf dem Schulhof | in ihre Klassen | aus dem Kopierraum

auf den Pausenhof | vor den Fenstern | dort

Die Schüler laufen ____________________ herum.

Nach dem Gong gehen sie ____________________.

Die Lehrerin kommt ____________________ und der Unterricht beginnt.

In der Pause laufen alle ____________________.

____________________ der Klasse 4b steht eine große Linde.

Im Frühjahr brüten ____________________ Vögel.

APP Video

Zeitangaben erkennen und verwenden

> Mit **„Wann?"** und **„Wie lange?"** frage ich nach der Zeitangabe.

1 Frage nach den Zeitangaben und unterstreiche sie.
Notiere die passenden Fragewörter in den Klammern.

Wir gehen bald in den Zirkus. (________________)

Wir müssen bis Montag auf den Brief warten. (________________)

Wir fahren 14 Tage lang in den Urlaub. (________________)

Kannst du mir demnächst mein Buch bringen? (________________)

2 Setze die passenden Zeitangaben ein.

letzte Woche | zwei Tage | nachmittags | vier Tage später

Paul schrieb seinem Freund ____________________ einen Brief.

Er brachte ihn ____________________ um 15 Uhr zur Post.

Erst ____________________ kam der Brief in Kassel an.
Normalerweise benötigt ein Biref nicht länger als ____________________.

3 Ergänze die Sätze mit passenden Zeitangaben.

Wann? | **Wie lange?**

Der Film dauert ______________________________ lang.

______________________________ haben wir frei.

______________________________ kommt Oma zu Besuch.

______________________________ habe ich Geburtstag.

Der Zug kommt um ______________________________ Uhr am Bahnhof an.

Unsere Sommerferien sind ______________________________ lang.

______________________________ habe ich mit meiner Freundin gespielt.

APP Video

Stars-Check 3

1 Unterstreiche das Subjekt blau und das Prädikat rot.

Anna geht mit ihrem Bruder ins Kino.
Der Film beginnt um 16.00 Uhr.
Die beiden warten ungeduldig vor der Kasse.
Sie freuen sich auf den Film.

2 Unterstreiche das zweiteilige Prädikat.

Sami räumt sein Zimmer auf.
Er leert den Papierkorb aus.
Dann staubt Sami das Regal ab.

3 Schreibe die Sätze mit passenden Objekten weiter.

seiner Oma	ihrem Papa	einen Stern	einen Brief

Leon schreibt ______________________________

Sina bastelt ______________________________

4 Unterstreiche die Dativobjekte grün und die Akkusativobjekte orange.

Linus sucht seine Buntstifte.
Er möchte mit seinem Freund malen.

5 Bestimme die Satzglieder.
Schreibe die richtigen Abkürzungen in die Klammern.

Subjekt (S)	Prädikat (P)	Ortsangabe (O)	Zeitangabe (Z)

Toni ( ) liegt ( ) seit einer Stunde ( ) im Garten ( ).
In der Hängematte ( ) liest ( ) Toni ( ) einen Comic.
Um 16.00 Uhr ( ) ruft ( ) Tonis Mutter ( ) nach ihm.
Jetzt ( ) muss ( ) er ( ) ins Haus ( ).

APP Check

Satzglieder mit der Umstellprobe erkennen

AM FREUNDEN ESSEN GERNE IM IHREN

SPAGHETTI KINDER MIT MIT MITTAG

SCHÜLERCAFE VIELE TOMATENSOẞE

(1) Probiere aus, wie du die Teile des Satzes sinnvoll umstellen kannst.

Viele Kinder essen mit ihren Freunden am Mittag im Schülercafé gerne Spaghetti mit Tomatensoße.

(2) Unterstreiche in den Sätzen das Subjekt, das Prädikat, die Objekte und die Orts- und Zeitangabe jeweils mit einer Farbe.

APP Video

3 Wie heißen die Satzglieder, die in Großbuchstaben notiert sind?

Subjekt — Prädikat — Dativobjekt

Akkusativobjekt — Ortsangabe — Zeitangabe

AM NACHMITTAG schaue ich im Kino mit meinem Bruder den neuen Film an.	
Am Nachmittag SCHAUE ich im Kino mit meinem Bruder den neuen Film AN.	
Am Nachmittag schaue ICH im Kino mit meinem Bruder den neuen Film an.	
Am Nachmittag schaue ich IM KINO mit meinem Bruder den neuen Film an.	
Am Nachmittag schaue ich im Kino MIT MEINEM BRUDER den neuen Film an.	
Am Nachmittag schaue ich im Kino mit meinem Bruder DEN NEUEN FILM an.	

4 Ergänze die Sätze mit den Satzgliedern aus Aufgabe 3.

a) Nicht mit meiner Schwester, sondern ______________________________

____

b) Nicht den alten, sondern ______________________________

____

b) Nicht am Abend, sondern ______________________________

____

Satzglieder bestimmen

1 Verbinde richtig.

Peter	Prädikat
bringt	Subjekt
dem Lehrer	Akkusativobjekt
Kreide.	Dativobjekt

Das Buch	Subjekt
schenke	Prädikat
ich	Akkusativobjekt
dir.	Dativobjekt

Meine Schwester	Dativobjekt
schreibt	Subjekt
ihrer Freundin	Akkusativobjekt
einen Brief.	Prädikat

2 Bestimme die Satzglieder und schreibe auf, wie sie heißen.

Tante Susi ____________________

schenkt ____________________

den Kindern ____________________

leckere Schokolade. ____________________

Ihrer Oma ____________________

überreichen ____________________

Lena und Felix ____________________

frische Blumen. ____________________

3 Verbinde richtig.

Mein Vater	Prädikat
gießt	Ortsangabe
am Abend	Akkusativobjekt
die Blumen	Subjekt
im Garten.	Zeitangabe

In den Ferien	Prädikat
kauft	Subjekt
meine Mama	Dativobjekt
mir	Ortsangabe
im Kaufhaus	Zeitangabe
neue Kleidung.	Akkusativobjekt

4 Bestimme die Satzglieder und schreibe auf, wie sie heißen.

Der kleine Hund ______________________

im Park ______________________

hat ______________________

krumme Beine. ______________________

Den Hund ______________________

fütterten ______________________

sie ______________________

am Abend ______________________

im Hof. ______________________

Sätze erweitern

1 Erweitere die Sätze schrittweise um jeweils einen Satz.

eine Geschichte | im Morgenkreis | den Kindern | seiner Klasse

Leon erzählt. Leon erzählt eine

in der Nacht | von einem Riesen | in einer Höhle | mit Glatze

Emilia träumt

heute | in einen Zauberer | im Theaterstück | mit schwarzem Zylinder

Noah verwandelt sich

Sätze verkürzen

1 Welche Satzglieder kannst du weglassen? Streiche diese durch.

Annas Handy klingelt ~~im Schulbus laut.~~

Sina schießt in jedem Fußballspiel ein Tor.

Maxi isst sein Pausenbrot immer in der zweiten Pause.

Paul füttert jeden Morgen seinen kleinen Hund.

Die Lehrerin lobt Kilian für seine Mitarbeit im Unterricht.

Finn pfeift in der Badewanne mit seinem kleinen Bruder ein lustiges Lied.

2 Schreibe die verkürzten Sätze aus Aufgabe 1.

____

____

____

____

3 Verkürze die Sätze soweit wie möglich. Achte auf das mehrteilige Prädikat.

Anton räumt ~~jeden Tag nach der Schule seine Schultasche~~ aus.

Papa holt Lena von einem Fußballturnier auf dem Sportplatz ab.

Toni spielt den Zuhörern auf dem Konzert ein Lied auf dem Klavier vor.

Annas Hund Struppi bellt fremde Menschen an der Gartentüre an.

4 Schreibe die verkürzten Sätze aus Aufgabe 3.

____

____

____

____

Sätze verbinden mit denn, weil …

1 Ergänze die Sätze mit einem passenden Bindewort.

denn | aber | weil | wenn | und | oder | dass

a) Nimmst du den Bus __________________ fährst du mit dem Auto?

b) Ich möchte nicht, __________________ du ohne Mütze aus dem Haus gehst.

c) __________________ es morgen nicht regnet, gehen wir ins Schwimmbad.

d) Ich möchte gerne mit Hanna Tischtennis spielen, __________________ sie hat keine Lust.

e) Sophie putzt ihr Fahrrad __________________ Elias hilft ihr dabei.

f) Wir müssen schnell nach Hause, __________________ es wird bereits dunkel.

g) Felix backt einen Kuchen, __________________ seine Mutter hat Geburtstag.

h) Anna kann nicht in die Schule, __________________ sie krank ist.

i) Möchtest du Kaffee __________________ trinkst du lieber Tee?

j) Ich kaufe mir ein Smartphone, __________________ ich genug Geld gespart habe.

APP Video

2 Verbinde die Sätze mit einem passenden Bindewort.

a) Lukas gewinnt das Rennen. Er fährt am schnellsten.

b) Wir müssen im Haus spielen. Draußen regnet es.

c) Alex rennt schnell. Maxi rennt schneller.

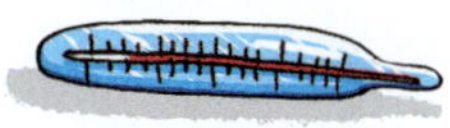

d) Stefan geht nach Hause. Er ist krank.

e) Kannst du dein Zimmer aufräumen? Hast du keine Zeit?

f) Linus mag seine Fahrzeuge. Er mag auch seine Tiere.

Sätze verbinden mit weil, während, obwohl

1 Verbinde die Sätze mit weil, während oder obwohl.

Ich setze eine Mütze auf. Mir ist kalt.

Ich setze eine Mütze auf, ______________________________.

Mia trödelt. Sie muss zur Schule.

______________________________.

Meine Schwester liest. Mein Bruder spielt Fußball.

______________________________.

Lena kann nicht kommen. Sie ist krank.

______________________________.

Max spielt im Garten. Die Eltern unterhalten sich.

______________________________.

Tim rennt über die Straße. Die Ampel ist rot.

______________________________.

Emma kann kommen. Sie hat Zeit.

______________________________.

2 Schreibe die Sätze weiter. Verbinde mit dass.

Ich hoffe,	dass	
Ich wünsche mir,		
Ich möchte		
Ich weiß		
Ich ____________		

3 Welches Bindewort passt nicht? Streiche es durch.

Die Soße ist angebrannt, [obwohl / während] ich ständig umgerührt habe.

Sie stellt sich unter, [obwohl / während] es regnet.

Meine Handy-Rechnung ist hoch, [obwohl / während] ich aufgepasst habe.

Er findet seinen Füller nicht, [obwohl / während] er überall gesucht hat.

Luca schreibt ein Gedicht, [obwohl / während] seine Schwester malt.

Oma und Opa kochen, [obwohl / während] Sophia und Leon im Garten spielen.

4 Bilde Sätze.

Wer?	**tut was?**	**Warum?**
Meine Katze	schmollt,	weil
	freut sich,	
	ist froh,	
	schimpft,	
	ist traurig,	
	ist zornig,	
	ist glücklich,	

Einfache Kommaregeln anwenden

Sport, Musik, Kunst und Mathematik sind ihre Lieblingsfächer.

1. Setze die fehlenden Kommas farbig ein.

Kommas setzt man bei Aufzählungen.

Im Korb sind Äpfel Birnen Käse Brot Kartoffeln und Zwiebeln. Wir sind brav fleißig und erledigen immer unsere Hausaufgaben. Oma lädt ihre Enkel Sophie Tim Anna und Clara zu sich ein. Berlin München Hamburg Kiel und Bremen sind deutsche Städte.

Mein eigener Satz:

___

___

___

Ich muss heute früh aufstehen, weil ich den Hund ausführen soll.

2. Setze die fehlenden Kommas farbig ein.

Kommas stehen zwischen zwei Sätzen.

Er freute sich dass er schulfrei hatte. Ich kann leider nicht kommen weil ich keine Zeit habe. Peter möchte gerne ins Schwimmbad aber es ist viel zu kalt. Lene geht heute nicht zur Schule sondern sie bleibt zu Hause.

und bzw. **oder** ersetzen das Komma.

Mein eigener Satz:

___

___

___

Lieber Manuel, ich schreibe dir ...

Kommas setzt man nach Anreden.

(3) Setze die fehlenden Kommas farbig ein.

Liebe Mama ich wünsche dir alles Gute zum Geburtstag. Sehr geehrte Frau Huber ich möchte mich bei Ihnen herzlich bedanken. Hallo Magdalena hast du heute Zeit?

Mein eigener Satz:

___

___

___

Aua, du tust mir weh!

Kommas stehen nach Empfindungswörtern, wenn du diese hervorheben möchtest.

(4) Setze die fehlenden Kommas farbig ein.

Oh je war das wieder viel Arbeit! Verflixt schon wieder eine Fünf! Oh Gott ich habe den Bus verpasst! Prima du hast alle Aufgaben erledigt!

Mein eigener Satz:

___

___

___

Wörtliche Rede markieren

Wenn in einem Text jemand etwas sagt, steht das in der wörtlichen Rede. Sie wird in Anführungszeichen gesetzt.

Paul ruft Antonia zu: „Wir gehen zum Spielplatz."

Begleitsatz — Wörtliche Rede

1 Steht der Begleitsatz vorne **V**, in der Mitte **M** oder hinten **H**? Unterstreiche und kreuze an.

	V	M	H
Finn fragt: „Wo ist mein T-Shirt?"			
„Ich habe gewonnen", freut sich Hannah.			
„Ich glaube", sagt Laura, „Oma kommt heute zu Besuch."			
„Wir essen heute im Restaurant", sagt Evi.			
„Ich finde", meint Jonas, „unser Hund hat ein wunderschönes Fell."			
Mutter ruft Sarah zu: „Bitte komm schnell!"			

2 Unterstreiche die wörtliche Rede und setze die Anführungszeichen ein.

Lara schlägt vor: Lass uns ins Schwimmbad gehen.

Das ist eine gute Idee , antwortet Leonie.

Wie lange bleiben wir denn? , fragt Leonie.

Ich denke , antwortet Lara , ich muss um 17 Uhr

zu Hause sein.

Leonie meint: Dann sage ich meiner Mutter kurz

Bescheid , dass ich um fünf Uhr wieder zu Hause bin.

APP Video

3 Ergänze alle Anführungszeichen der wörtlichen Rede und die fehlenden Doppelpunkte.

> Eine Mutter fragt ihr Kind Wo hast du denn dein Zeugnis?
> Das Kind antwortet Das habe ich Paula mitgegeben.
> Sie will damit ihre Eltern erschrecken!

> Als Tommy nach Hause kommt, erwartet ihn sein Vater schon verärgert Deine Lehrerin hat angerufen und sich schon wieder über dich beschwert!
> Das kann nicht sein , meint Tommy, heute bin ich doch gar nicht da gewesen.

> Der erste Schultag. Mitten in der ersten Stunde packt Philipp sein Brötchen aus. Sagt die Lehrerin Du, hier gibt es aber kein Frühstück!
> Das dachte ich mir schon , grinst Philipp, deshalb habe ich mir ja auch was mitgebracht!

4 Notiere deinen Lieblingswitz. Setze Anführungszeichen und Satzzeichen ein.

Redewendungen kennen

1 Was ist gemeint? Verbinde die Bilder und die passenden Redewendungen.

- auf der Nase herumtanzen
- eine rosarote Brille aufhaben
- Geld aus dem Fenster werfen
- auf die Tube drücken
- sich den Kopf zerbrechen
- Tomaten auf den Augen haben

2 Verbinde die Redewendungen mit der richtigen Bedeutung.

auf der Nase herumtanzen	etwas nicht mehr aushalten
eine rosarote Brille aufhaben	sich beeilen
Geld aus dem Fenster werfen	jemandem Glück wünschen
auf die Tube drücken	angestrengt nachdenken
sich den Kopf zerbrechen	sehr wütend werden
aus der Haut fahren	nicht aufgeben
Tomaten auf den Augen haben	verschwenderisch mit Geld umgehen
jemandem die Daumen drücken	nicht bemerken, was passiert
die Nase voll haben	Dinge zu positiv sehen
am Ball bleiben	machen, was man will

3 Welche Redewendungen sind hier dargestellt? Erkläre.

____

____

____

Stars-Check 4

1. Trenne die Satzglieder mit Strichen voneinander ab. Stelle den Satz zweimal um.

   Henry fährt am Samstag mit Leon ins Schwimmbad.

   ____

   ____

2. Streiche die Satzglieder durch, die du weglassen kannst. Schreibe danach den verkürzten Satz. Der Taucher fotografiert mit seiner Kamera am Meeresgrund verschiedene Tiere.

   ____

3. Erweitere den angefangenen Satz um zwei Satzglieder.

   Emilie singt ______________________________

4. Verbinde die Sätze mit dem passenden Bindewort.

   während | weil | obwohl

   Nina möchte ein Glas Wasser. Sie ist durstig.

   ____

   Tom schaut aus dem Fenster. Er telefoniert.

   ____

   Hannah muss zur Schule. Sie hat Geburtstag.

   ____

5. Ergänze die Satz- und Redezeichen. Unterstreiche die wörtliche Rede.

   ☐ Wie war es in der Schule ☐ ☐ ☐ fragt Papa ☐

   Paul antwortet ☐ ☐ Es war heute sehr spannend ☐ ☐

   ☐ Leon hat uns überrascht ☐ ☐ schwärmt Paul ☐ ☐ und seinen Hund mitgebracht ☐ ☐

APP Check

Wortwissen – Satzwissen

Prädikat (Satzaussage)
- Was tut jemand?
  Was geschieht?
- ist immer ein Verb
- braucht jeder Satz

Nomen (Namenwörter)
- sind **Namen** für Menschen, Tiere, Pflanzen, Dinge, Gefühle, Ereignisse, Gedanken ...
- haben einen **Begleiter**: das Buch / ein Buch
- gibt es meistens in der **Einzahl** und in der **Mehrzahl**: das Buch – die Bücher
- haben Erkennungs-**Endungen**: ung, heit, keit, schaft ...
- kann man mit anderen Wörtern zusammensetzen: das Wörterbuch, der Bücherwurm, das Lesebuch, bücherkundig

Bindewörter
- **und, oder, denn, aber, dass, obwohl ...**
- verbinden zwei Sätze miteinander

Verben (Tunwörter)
- sagen, was ein Lebewesen oder Ding **tut**
- haben in der **Grundform** die Endung en, ern oder eln: schwimmen, rudern, paddeln
- passen hinter **ich** und **wir**: ich gehe, wir gehen
- können in verschiedenen **Zeiten** stehen: Gestern ging ich zur Schule.

Objekt (Satzergänzung)
- erweitert Sätze
- gibt uns mehr Informationen
- **Dativobjekt (Satzergänzung im 3. Fall)**: Wem?
- **Akkusativobjekt (Satzergänzung im 4. Fall)**: Wen oder was?

Pronomen (Fürwörter)
- stehen für Nomen: Der Hund bellt. Er bellt.
- begleiten Nomen: Das ist meine Tasche.
- **ich, du, er, sie, es, wir, ihr, sie**
- **mein, mich, dich, dir, unser, euch, ihre ...**

Zahlwörter

- bestimmte Zahlwörter geben eine genaue menge an: **drei, vierzehn, hundert, erster, dritten ...**
- unbestimmte Zahlwörter geben eine Menge nur ungefähr an: **manche, viele, einige, einzelne, jeder ...**

Orts- und Zeitangaben

- Wo? Woher? Wohin?
- Wann? Wie lange?

Adjektive (Wiewörter)

- **Wie** ist jemand? **Wie** ist etwas?
- passen gut **zwischen** einen Artikel und ein Nomen: der grüne Rasen, das wilde Pony
- haben **Vergleichsformen**: wild – wilder – am wildesten
- haben oft **Gegenteile**: wild – zahm
- haben Erkennungs-**Endungen**: lich sam ig bar

Subjekt (Satzgegenstand)

- Wer oder was?
- ist immer ein Nomen oder Pronomen
- braucht jeder Satz

Artikel (Begleiter)

- passen zu Nomen
- **der/die/das** (bestimmte Artikel)
- **ein/eine** (unbestimmte Artikel)

Wörtliche Rede

- wenn in einem Text jemand etwas sagt, steht das in der wörtlichen Rede
- hat am Anfang und am Ende Anführungszeichen
- kann einen Begleitsatz haben: Lena sagt: „...“ / „...“, sagt Lena. / „...“, sagt Lena, „...“

Präpositionen (Verhältniswörter)

- helfen bei der Bestimmung von Zeit und Ort
- **man, auf, bei, bis, durch, gegen, in, nach, neben, über, unter, zu, zwischen ...**

Mit Sprache malen

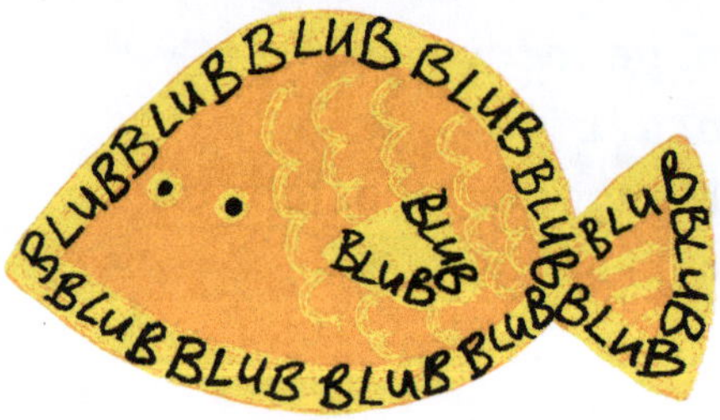

Hier ist Platz für deine eigenen Sprachmalereien: